幸の光彩

みちのくは未来

Sachi no kousai

Daisaku Ikeda
池田大作

鳳書院

池田名誉会長夫妻

はじめに

この世で最も強く、崩《くず》れざる城とは、いかなる城でしょうか？

私の人生の恩師《おんし》である戸田城聖《じょうせい》先生（創価学会第二代会長）は、愛する東北の天地で、最強にして無敵《むてき》の城とは「人材の城なり」と宣言しました。

それは、一九五四年（昭和二十九年）の四月下旬。待ちに待った、みちのくの春が辺《あた》りを花よ若葉よと輝かせゆく仙台の青葉城址《じょうし》に登《のぼ》った折のことです。

恩師は、絶対の信頼を寄せる東北の青年たちと共に、幾百年の栄枯盛衰《えいこせいすい》を偲《しの》ばせる古城《こじょう》に立ち、朝靄《あさもや》に包まれた杜《もり》の都《みやこ》の街並《まちな》みを展望《てんぼう》しつつ、「我らは人材をもって城となすのだ」と語りました。

戦時中、軍部権力の投獄《とうごく》にも屈《くっ》せず、戦後、生命尊厳《そんげん》の理念を掲げて、新たな民衆運動を展開してきた恩師です。その悲願は、庶民の幸福と世界の平和を厳然《げんぜん》と守り抜く「人材の城」を盤石《ばんじゃく》に創《つく》り広げることでした。

「地を離《はな》れて人なく、人を離れて事《こと》なし」＊1――大地が人を生み、人が歴史を創る。

ゆえに、偉大な大地から、偉大な人材を育てるのだ。

これは、恩師《おんし》が大切にしていた大教育者・吉田松陰《しょういん》の信条です。

思えば、松陰は、若き日、白河《しらかわ》から会津若松《あいづわかまつ》を経《へ》て、久保田《くぼた》（秋田）、大館《おおだて》、弘前《ひろさき》、小泊《こどまり》、青森、八戸《はちのへ》、盛岡《もりおか》、石巻《いしのまき》、仙台《せんだい》、米沢《よねざわ》など東北の各地を巡《めぐ》り、厳《きび》しい冬の北国の難路《なんろ》を踏破《とうは》して、多くの人士《じんし》と語らい、見聞《けんぶん》を広めました。

松陰は、この遊学《ゆうがく》の旅を振《ふ》り返り、「雪や浪《なみ》や沙《すな》や野や亦以《またもっ》て気胆《きたん》を張り才識《さいしき》を長ずるに足《た》れり」＊2と述懐《じゅっかい》しています。

松陰が感嘆《かんたん》していた、みちのくの大地に漲《みなぎ》る、計《はか》り知れない人材育成力を、わが恩師も深く刮目《かつもく》しておりました。

恩師の呼びかけより六十星霜《せいそう》――。

わが東北の友は、誇《ほこ》りも高く平和・文化・教育の連帯を広げ、「人材の城」を築き上げてきました。

その城は、課題の山積《さんせき》する二十一世紀の大いなる希望と光っています。なかんずく、東日本大震災という未曾有《みぞう》の大災害にも、断固《だんこ》として立ち上がりゆく陣列《じんれつ》が、日本のみならず、世界の人々に、どれほど深い勇気を送っていることでしょうか。


東北に聳《そび》え立つ「人材の城」は「不撓不屈《ふとうふくつ》の城」です。

私は、かねてより「勝つことにもまして負けないことが大事である」という負けじ魂《だましい》の哲学を青年たちに語ってきました。

この不撓不屈の心が、他のいずこにもまして力強く、また奥深く脈打《みゃくう》っているのが、東北です。このことは、歴史の洞察《どうさつ》の上からも鋭《するど》く指摘《してき》されているところです。

四百年前（一六一一年十二月二日）に起きた「慶長三陸地震《けいちょうさんりく》」の大津波《つなみ》でも、三陸の沿岸《えんがん》地域は甚大《じんだい》な被害を受けました。

しかし、当時、仙台藩主《せんだいはんしゅ》だった伊達政宗《だてまさむね》の指揮《しき》のもと、復興《ふっこう》事業が始まり、米や木材等を運ぶ運河、沿岸部の新田開発、さらに製塩業の振興《しんこう》など、次々に手が打たれ、この時の挑戦が、のちに実質百万石といわれる雄藩《ゆうはん》に成長する基礎となりました。文字通り、マイナスをゼロに戻すだけではなく、プラスへと転《てん》じていったのです。

支倉常長《はせくらつねなが》ら使節団《しせつだん》が、仙台藩から欧州《おうしゅう》に向けて派遣《はけん》されたのも、この災難から二年後でした。それは、沿岸部に世界へ開かれた貿易港をとの構想《こうそう》を秘《ひ》めた大事業であったとの見方もあります。この使節団の呼び水の一つとなったのは、江戸幕府の求めでスペインから日本の沿岸調査に訪れていたビスカイノ一行との出会いです。一行は三陸沖《おき》を航海中に、慶長三陸地震の大津波に襲《おそ》われたのです。

その様子《ようす》を克明《こくめい》に記録した一行の見聞録《けんぶんろく》には、「事終りて我等は村に着き免《まぬ》かれたる家に於《おい》て厚遇《こうぐう》を受けたり」*3と、東北の人々への感謝が書き留《とど》められております。

不撓不屈《ふとうふくつ》の東北魂《だましい》には、国を超《こ》え、時を超えて、万人《ばんにん》の胸を打たずにおかない深さがあり、大きさがあります。

昨年（二〇一三年）の秋、石巻《いしのまき》をはじめ東北の若人《わこうど》が中心となって、世界農漁村青年会議を開催しました。欧州《おうしゅう》、またアメリカやブラジルなど十カ国から集った青年たちは、危機に直面する農漁業分野の課題に、東北の友と一緒《いっしょ》に立ち向かおうと、決意を新たにしたと語っておりました。

とともに、東北の「人材の城」は「人間性の城」です。

東北の伝統精神には、苦しんでいる人を見れば、自身のことを後回《あとまわ》しにしても励まさずにはいられない、助けずにはいられない――そうした温かな心に満ちた、献身的《けんしんてき》な人間性が貫《つらぬ》かれております。

私が共に対談集を発刊した、アメリカの詩人サーラ・ワイダー博士（エマソン協会元会長）も被災地を訪れて、〝東北の皆様方は「励まし」から生きる力が生まれることを教えてくださった私たちの先生です〟と語られていました。

とりわけ、博士は、震災の苦しみや悲しみのなかでも励まし合いの心を絶《た》やさなかった女性たちに最敬礼《さいけいれい》し、「厳《きび》しく、不毛《ふもう》に思えた大地に、地球の未来を開く、希望の種《たね》を植えてくれたのです」と賞讃《しょうさん》されています。

東北の母たち、女性たちが、気取《きど》らない、飾《かざ》らない、ありのままの振《ふ》る舞《ま》いを通して広げてきた希望溢《あふ》れる人間性の絆《きずな》こそ、これからの時代に、いやまして求められているのではないでしょうか。

さらに、東北の「人材の城」は「不死鳥《ふしちょう》の城」です。

国際連盟の事務次長を務《つと》め、「太平洋の懸《か》け橋」と謳《うた》われた新渡戸稲造《にとべいなぞう》博士は、名著『武士道』の中で、「不死鳥はただおのれ自身の灰の中から起き出でる」[*4]と綴《つづ》っておりました。

たとえ、絶望的に思える窮地《きゅうち》に立たされたとしても、断じて、あきらめない。そこから、不死鳥《ふしちょう》の如《ごと》く蘇《よみがえ》り、燦然《さんぜん》と舞《ま》い上がって、皆を〝幸《さち》の光彩《こうさい》〟で照らし、包んでいく――これこそが、東北の大地、そして人々の生命に本源的《ほんげんてき》に具《そな》わる蘇生《そせい》の力でありましょう。

福島の私の友人たちは、県内、また県外の各地に移転した後も、まさしく「フェニックス（不死鳥）」を合言葉として、仲間と連携《れんけい》を取り合い、激励し合って、たくましく朗《ほが》らかに前進しています。

我らの東北には、逆境《ぎゃっきょう》の中でも、人々の心に温《ぬく》もりを広げる共生の炎《ほのお》がある。ゆえに、一番苦労した我らの東北から、一番尊貴《そんき》な人材群が躍《おど》り出て、「世界の懸《か》け橋」と仰《あお》がれ、そして新たな人類史の勝利を告げゆく〝福光《ふっこう》〟が輝きわたると、私は確信する一人であります。

本書は、この十年余《よ》、折に触《ふ》れて、歴史と伝統ある東北の各紙に寄稿《きこう》させていただいた拙文《せつぶん》を加筆・編集し、出版の運びとなったものです。いずれも、愛する東北の友への敬愛《けいあい》の念を込めて、私の真情を綴《つづ》らせていただきました。

このような機会を頂きました各社の関係者の皆様方に、あらためて感謝申し上げますとともに、発刊に際して温かい御言葉を寄せてくださった、東奥《とうおう》日報社の塩越隆雄《しおこしたかお》社長、岩手日報社の三浦宏《みうらひろし》社長、河北新報社の一力雅彦《いちりきまさひこ》社長、福島民報社の高橋雅行《たかはしまさゆき》社長、山形新聞社の寒河江《さがえ》浩二《ひろじ》社長、秋田魁《さきがけ》新報社の小笠原直樹《おがさわらなおき》社長の諸先生方に、心からの御礼を申し上げます。

東北復興《ふっこう》の希望の灯台《とうだい》として、偉大な使命を担《にな》われている尊《とうと》き各紙が、ますます発展されゆくことこそ、活字文化の真実の勝利でありましょう。各社の皆様方のますますの御隆盛《ごりゅうせい》を祈り、「はじめに」とさせていただきます。

二〇一四年　春

池田　大作

目次

はじめに……1

絆
―きずな―

負けない「うつくしま」共に乗り越える強さ（福島民報）……17
一歩前進の「うつくしま」希望は無限の力生む（福島民報）……23
世界の太陽「うつくしま」人間の絆 世代つなぐ（福島民報）……28
岩手に息づく不屈《ふくつ》の精神（岩手日報）……33

秋田は「東北合衆国」の柱（秋田魁新報）……39
▼不屈《ふくつ》の人材が立つ大地……39
▼美心《びしん》の宝土《ほうど》に希望の花……44
すべては〝青い森〟から（東奥日報）……49
▼夢は始まる……49
▼人はかがやく……54
▼道はひろがる……60

メッセージ
—2011・3・11 東日本大震災に寄せて—

断じて負けるな
いかなる苦難も「心の財《たから》」は壊《こわ》せない（聖教新聞）……66

東北の人材城は厳然（聖教新聞）……70

発刊に寄せて

▼東奥日報社――塩越 隆雄 社長（青森）……76
▼岩手日報社――三浦 宏 社長（岩手）……78
▼河北新報社――一力 雅彦 社長（宮城）……80
▼福島民報社――高橋 雅行 社長（福島）……82
▼山形新聞社――寒河江 浩二 社長（山形）……84
▼秋田魁新報社――小笠原 直樹 社長（秋田）……86

輝
―かがやき―

東北の挑戦に期待（河北新報）……91
日本の元気 山形から（山形新聞）……97
山形は日本の理想郷《アルカディア》（山形新聞）……102
英雄ナポレオン（東奥日報）……108
▼言論人 生む青森の風土……108
人間・宮沢賢治に想うこと（岩手日報）……113
安喜多《あきた》に光る 日本一の「教育力」（秋田魁新報）……117

福島の未来に輝く
「うつくしま」5つのキーワード（福島民報）……124
▼「美しい心」母の恩こそ人類の宝……124
▼「つなぐ心」互いの生命 尊び学ぶ……128
▼「くじけない心」試練や失敗を滋養に……132
▼「自然を愛する心」未来を輝かせる一歩……137
▼「まっすぐな心」難局を乗り切る力に……140
青年の交流を——日中国交正常化三十周年に寄せて（東奥日報）……146
▼一衣帯水《いちいたいすい》の絆《きずな》……146
▼永遠なれ！ 金の橋……153

詩
―うた―

『新・人間革命』第25巻「福光《ふっこう》」の章より……162

懐かしい東北の友に贈る
みちのくの幸《さち》の光彩《こうさい》（『池田大作全集』第42巻所収）……166

「はじめに」の参考文献
＊1　吉田松陰著、近藤啓吾全訳注『講孟劄記（下）』講談社
＊2　織田久『嘉永五年東北―吉田松陰「東北遊日記」抄』無明舎出版
＊3　『ドン・ロドリゴ日本見聞録／ビスカイノ金銀島探検報告』
村上直次郎訳註、『異国叢書 復刻版』所収、雄松堂書店
＊4　『新渡戸稲造全集1』教文館

◆ルビ、年代については編集部。
◆引用および参照箇所には、番号を付け参考文献を明記しました。

本文中写真▼著者
識者との会見等の写真▼聖教新聞社
カバー写真▼Mitsushi Okada／orion／amanaimages
装幀▼阿部元和
本文デザイン＆ＤＴＰ▼藤井国敏
編集協力▼福元和夫／宮下ゆう希

絆

―きずな―

―東京―

負けない「うつくしま」

――共に乗り越える強さ

【福島民報】２０１２年２月21日

県民の「忍耐《にんたい》の心」光る

「忍耐のあとにはよろこびがくる。冬の次には春がくる」[*1]――福島の天地が生んだ詩人・草野心平翁《くさのしんぺいおう》の忘れ得ぬ言葉です。

「うつくしま」という誉《ほま》れある愛称《あいしょう》をもつ福島には、何ものにも負けない「忍耐の心」が光っています。試練《しれん》の冬を越え、喜びの春を呼ばずにはおかない「希望の心」が満《み》ちています。

仏典《ぶってん》には、いかなる災難に遭《あ》おうと「心を壊《やぶ》る能《あた》わず」、すなわち「心の財《たから》」だけは壊《こわ》せないと説かれます。

大地震と大津波《つなみ》、原発事故と風評《ふうひょう》被害などの重なる苦難にも、福島の皆さま方の誇《ほこ》り高き心は断じて屈《くっ》しませんでした。その闘いが、日本中、世界中の人々に、どれほど大きな勇気を贈ってくださっていることか。

私は、改めて心からの感謝と尊敬《そんけい》をささげたいのです。

福島民報には、大震災の直後から、未曾有《みぞう》の艱難《かんなん》に立ち向かう群像《ぐんぞう》が、連載「今を生きる」として綴《つづ》られてきました。

そこには、たとえば、南相馬《みなみそうま》や双葉《ふたば》でピアノ教室を開いていた先生方が、福島市内で教室を再開して、子どもたちを励ます奮闘《ふんとう》が記《しる》されています。また「フラガールズ甲子園」の出場を目指す、いわきの高校生の活躍なども描かれています。

この尊《とうと》き汗と涙の〝復興日記《ふっこう》〟を、私も胸を熱くして拝見してきた一人です。私の妻が知る浪江町《なみえ》の婦人も、原発事故のため、高齢で病弱な母上と障がいのある子息《しそく》を連れて、避難《ひなん》を余儀《よぎ》なくされました。

避難先の隣県《りんけん》の方々の温かな励ましも受け、婦人は「今ここから前進しよう」と決意し、住まいを見つけ、仕事にも就《つ》きました。

「何があっても負けません」――そう語る母の心に燃えているのは、まぎれもなく福島の不屈《ふくつ》の魂《たましい》です。

福島には、幾多《いくた》の逆境《ぎゃっきょう》を勝ち越えた不滅《ふめつ》の歴史があります。その象徴《しょうちょう》が、郡山一帯《こおりやまいったい》に豊かな繁栄《はんえい》の大地を開いた、日本三大疏水《そすい》の一つ安積《あさか》疏水の大工事です。

延《の》べ八十五万人といわれる労働力を注《そそ》ぎ、トンネル三十七カ所という難工事を、三年で完成させました。

「安積疏水讃歌《あさかそすいさんか》」には、次のような詞《し》があります。

「石に矢《や》の立つ例《ため》しぞ茲《ここ》に
岩根つらぬく疏水の恵《めぐ》み
開き成したる偉業の蹟《あと》を」*2

それを可能にしたのは、心を一つに難事業に挑《いど》んだ先人《せんじん》たちの執念《しゅうねん》です。「石に矢を立てる」――まさに、この一念で、福島の今を生きる勇者の皆さま方は、未聞《みもん》の復興《ふっこう》の大偉業を断行《だんこう》されています。

私の手元に、一枚の写真があります。昨年(二〇一一年)九月、台風の被害を受けた和歌山の友から届けられたものです。そこには、力強い文字が躍《おど》る横断幕《おうだんまく》が写っています。

「負げんな! 共に乗り越えよう」――福島の有志から贈られた横断幕です。誰より大変な苦境《くきょう》にありながら、遠く離れた被災者まで思いやってくれる

池田名誉会長夫妻（1990.6　福島）

福島の方々の真心の深さに、皆が涙し、再起を誓《ちか》いました。

日本にも世界にも、解決が不可能と思えるような難題《なんだい》が山積みです。

しかし、その未来を開く勇気の光は、一番苦労している福島から鮮烈《せんれつ》に放《はな》たれています。

「負げんな！　共に乗り越えよう」

この「うつくしま」の不屈《ふくつ》の魂《たましい》の叫びを胸に立ち上がる時、「勝利の春」は必ず訪れるに違いありません。

＊1　「めつかちの由来とその後」『草野心平全集1』所収、筑摩書房
＊2　松本一晴作詞。郡山市教育委員会社会教育課編『郡山・歌はなつか史』所収

一歩前進の「うつくしま」

――希望は無限の力生む

【福島民報】２０１２年２月22日

青年の力に感動

希望は無限《むげん》の力です。

青年が希望に燃えて前進するところ、打ち破れない壁《かべ》はありません。

昨夏（二〇一一年）、全国高等学校総合文化祭の福島大会（〝ふくしま総文〟）が開かれました。

大震災の影響《えいきょう》で開催さえ危《あや》ぶまれる中、地元の高校生をはじめ関係者の方々の熱意と努力で、見事に大成功を勝ちとられたのです。

私が創立した創価学園の箏曲部《そうきょくぶ》も、「日本音楽部門」に出場しました。開会式で披露《ひろう》された高校生たちによる構成劇「ふくしまからのメッセージ」のシナリオも拝見し、私は感銘《かんめい》を禁じ得ませんでした。

「大切なもの、笑顔、温かさ……たくさん消えました。ですが、希望は残っています」「強く生きることを忘れずに、負けないで今と向き合おう」

なんとすがすがしく、なんと力強い若人《わこうど》の叫びでしょうか。

どんな逆境《ぎゃっきょう》にあっても、希望を見いだせるのは青年の特権です。いな青年こそが、希望そのものなのです。

福島には、この希望の青年力が躍動《やくどう》しています。

私も交流を結んだ東山魁夷画伯《ひがしやまかいいがはく》の名作に、「青響《せいきょう》」があります。私にも懐《なつ》かしい福島市・土湯《つちゆ》の大自然を描かれたものです。ブナの青い森の中央に、真っすぐ一本の滝《たき》が光っています。

画伯《がはく》の青春も苦悩の連続でした。終戦間近に召集《しょうしゅう》され、爆弾《ばくだん》を抱《かか》えて敵《てき》の戦車にぶつかる訓練《くんれん》も受けたといいます。早くに全《すべ》ての肉親を失い、画家としての評価も得られない。その絶望《ぜつぼう》のどん底《ぞこ》から立ち上がり、名画を残してきたのです。

画伯の代表作の一つに「道」があります。手前から向こうに伸びる一本の道。画伯は、「これから歩いて行く方向の道を描きたいと思った」[*1]と述懐《じゅっかい》しています。まさしく大切なのは「これまで歩《あゆ》んできた道」にもまして、「これから歩もうとする道」でしょう。

私と妻が見守ってきた相馬《そうま》の若き姉妹《しまい》は、大好きな父親を津波《つなみ》で亡《な》くしました。その前夜、くしくも家族で語らいの時を過ごし、父は娘に二つの言葉を残してくれていたそうです。

一つは、「これからは自分のことも大事にしなさい」。自分のことを後回《あとまわ》しにして人の面倒《めんどう》を見る娘のことを父親はうれしく思う半面、案《あん》じてもいたのでしょう。

もう一つは、「これからも、家族一緒《いっしょ》に生きていこう」。姉妹《しまい》の心から、自分たちの幸せを願ってくれた父の熱いぬくもりが消えることはありません。

姉妹は母と共に、父が大切にしてきた地域の友と励まし合いながら前進を開始しました。それが、父と一緒に生きる道だからです。残された遺族《いぞく》である以上に、未来へ進む後継者《こうけいしゃ》として生きる道を選んだのです。

〝ふくしま総文〟で披露《ひろう》された高校生の構成劇では、避難《ひなん》先の三春町《みはる》で、樹齢《じゅれい》千年といわれる「三春の滝桜《たきざくら》」が爛漫《らんまん》と咲き薫《かお》る光景を見た感動が語られています。

劇中《げきちゅう》、若き命は叫びます。

「小さな小さな一歩でもいいから、勇気を出して踏《ふ》み出そう。俺たちには支《ささ》えてくれる仲間がたくさんいる。共に手を取り合い、今を精いっぱい生きて、すてきな未来を必ずつくるんだ」

前を見つめて、勇気の一歩を踏み出す誉《ほま》れの福島家族には、天からの喝采《かっさい》のように、この春も、桜の花吹雪《はなふぶき》が舞《ま》いゆくことでしょう。

＊1　東山魁夷『泉に聴く』講談社

世界の太陽「うつくしま」

――人間の絆 世代つなぐ

【福島民報】２０１２年２月23日

「負けじ魂《だましい》」を示す歌声

民衆の歌声の響《ひび》くところ、明るい発展があります。

福島民報の読者が選んだ昨年（二〇一一年）の県内十大ニュースの一つは、「合唱王国ふくしま健在《けんざい》」でした。

福島の中学生・高校生が大震災を乗り越え、全国のコンクールで相次いで勝利した歌声は、どれほど強く人々の胸を揺《ゆ》さぶったことでしょうか。

私の福島の友人たちも、皆、歌が大好きです。福島の歌声には、懐《なつ》かしい民謡《みんよう》から一貫《いっかん》して変わらぬ、朗《ほが》らかな負けじ魂《だましい》の響《ひび》きがあり、深い郷土愛で結ばれたハーモニーがあります。

福島の天地は、故郷を愛する人々の熱誠《ねっせい》によって守られ、不死鳥《ふしちょう》のごとく、蘇《よみがえ》ってきました。

江戸末期、相馬《そうま》の富田高慶《とみたたかよし》は、度重《たびかさ》なる飢饉《ききん》で荒廃《こうはい》した郷土の復興《ふっこう》を、人の和を根本に成し遂げました。

自《みずか》らをなげうって庶民の艱難《かんなん》を救い、力の限りを尽《つ》くして地域を興隆《こうりゅう》させる。この献身《けんしん》こそ「太陽の道」なりと達観《たっかん》した指導者です。

その「太陽の道」を同じく突き進んだのが、〝磐梯高原《ばんだいこうげん》・緑化《りょっか》の父〟と讃《たた》えられる遠藤現夢翁《げんむおう》です。

一八八八年（明治二十一年）の磐梯山の大噴火《だいふんか》で、一帯《いったい》は火山灰に覆《おお》われ、岩石の転《ころ》がる不毛《ふもう》の地と荒《あ》れ果《は》ててしまいました。

遠藤翁《おう》は私財《しざい》を投《とう》じ、沼《ぬま》の畔《ほとり》の事務所に寝泊《ねと》まりし、二年間で約十万本の植林をやり遂げていきます。五色沼《ごしきぬま》に映《うつ》る磐梯《ばんだい》の美しい緑の森も、その大情熱の結晶《けっしょう》です。

翁の尊《とうと》き志《こころざし》は今なお、私もよく知る子孫《しそん》の方々、またボランティアの皆さまに脈々《みゃくみゃく》と継承《けいしょう》されています。

人間が後世に残しうる最高の遺産《いさん》とは何か――伊達《だて》市に足跡《そくせき》を留《と》める思想家の内村鑑三《うちむらかんぞう》は、それは「勇ましい高尚なる生涯」*1であると結論しました。福島の皆さま方は、今、故郷を復興《ふっこう》させながら、「勇《いさ》ましい高尚《こうしょう》なる生涯」を生きて生きて生き抜いておられます。

昨年（二〇一一年）の師走《しわす》、相馬《そうま》市内で、青少年による体験主張大会が開催されました。第十回となる伝統行事のテーマは、「ありがとう！」です。周囲の熱心な励ましに応えて受験に挑戦し、復興に貢献《こうけん》する人材になることを誓《ちか》った高校生もいます。

一人の青年は、子どものころから自分のことを温かく見守ってくれた恩人《おんじん》への感謝を述べて、こう結びました。

「ここにいる皆さん、そして、私の胸中《きょうちゅう》に大きな存在としてあり続ける大切な人、全《すべ》ての人に『ありがとう!』と言いたいです」

有名な童謡《どうよう》「とんぼのめがね」は、詩情《しじょう》豊かな広野《ひろの》町の情景《じょうけい》を、地元で開業する童謡作家であった額賀誠志《ぬかがせいし》医師が詠《うた》ったものです。

歌詞に出てくる「とんぼのめがね」のように、福島の後継《こうけい》世代の澄《す》んだ目には、試練《しれん》と闘う先輩たちの「勇《いさ》ましい高尚《こうしょう》なる生涯」が感謝とともに映《うつ》し出されています。この若人《わこうど》たちも「うつくしま」の福光《ふっこう》をさらに輝かせ、次の世代へ伝えていってくれるに違いありません。

「人生最大の快事《かいじ》は理想の天地を作るにあり」*2とは、福島が誇《ほこ》る歴史学者・

朝河貫一《あさかわかんいち》博士の信念でした。

「うつくしま」には、いかなる困難《こんなん》にも屈《くっ》せず、理想の天地を共に築きゆこうとする、強靭《きょうじん》にして麗《うるわ》しき人間の絆《きずな》があります。ゆえに〝福島は宝《たから》の山よ、宝の天地よ〟と世界中から仰《あお》がれる日が必ずやってきます。

がんばっぺ、福島！
負げんな、その日まで！
歌声も仲良く朗《ほが》らかに！

＊1　内村鑑三『後世への最大遺物・デンマルク国の話』岩波文庫
＊2　朝河貫一書簡編集委員会編『朝河貫一書簡集』早稲田大学出版部

岩手に息づく不屈《ふくつ》の精神

【岩手日報】２０１１年８月10日

「希望は世界の柱なり」

岩手が生んだ青春詩人・石川啄木《たくぼく》が大切にした格言《かくげん》です。

東日本大震災から五カ月（二〇一一年八月）――岩手の方々がどれほどの苦難に耐《た》え抜いてこられたか。

改めて、犠牲《ぎせい》になられた方々のご冥福《めいふく》を懇《ねんご》ろにお祈り申し上げますとともに、被災者の皆さまに心からお見舞いを申し上げます。

釜石《かまいし》市に私の知る名医がいます。大津波《つなみ》で、最愛の父母も、大事な診療所も流されました。

しかし、悲嘆《ひたん》に暮れる間もなく、避難所《ひなんじょ》で治療を開始し、真っ先に別の場所で診療所を再開しました。

なぜ、そこまで――それは、行方《ゆくえ》不明の父上から、かつて「苦しむ地域を救う医師たれ」と託《たく》されていたからです。

私の妻が親しい陸前高田市《りくぜんたかたし》の婦人は、家も車も失いました。けれども「助かったこの命を、もっと大変な思いをしている友のために使いたい」と地域の方を励まされています。

広大な岩手のいずこにも、不屈《ふくつ》の負けじ魂《だましい》の献身《けんしん》が光っています。かの啄木《たくぼく》が存命《ぞんめい》であれば、わが郷土の一人一人こそ「希望なり」「世界の柱なり」と、万感《ばんかん》込めて詠《うた》い上げるに違いありません。

私たちの「創価教育」にも深い理解を示してくださっていた新渡戸稲造《にとべいなぞう》博

士は、昭和八年（一九三三年）、三陸沖地震《さんりくおきじしん》の直後、米国より帰国し、宮古《みやこ》の友を励ましました。生まれ故郷の盛岡《もりおか》では未来を担《にな》う青年に揮毫《きごう》を贈っています。「団結は力なり」と英語で綴《つづ》られました。

地域も、国際社会も、信頼と友情の心で団結することが、繁栄《はんえい》と平和の基《き》盤《ばん》でしょう。

現在、大槌町《おおつちちょう》で救援活動に尽力《じんりょく》している友人も語ってくれました。

「人間の絆《きずな》は今まで以上に強くなりました。それが皆の心の支《ささ》えであり、生きる力です」

復興《ふっこう》に立ち上がり、各地に響《ひび》く「皆で力を合わせ、新しい岩手を、もう一度、つくっぺし！（作ろう）」との声を、私は胸を熱くしながら伺《うかが》っています。

「平泉《ひらいずみ》」が世界遺産《いさん》に満場一致で決定したというニュースを、東京の街角《まちかど》にも劇的《げきてき》に伝えてくれたのは、岩手日報の号外（二〇一一年六月二十六日）です。

貴紙は長年、この文化の宝《たから》に光を当て、宣揚《せんよう》してこられました。

研究によれば、平泉《ひらいずみ》の文化の礎《いしずえ》をなした初代・藤原清衡《ふじわらのきよひら》は、幾多《いくた》の人命が失われた戦乱の世を転換《てんかん》したいと願っていた。特に、法華経《ほけきょう》の思想を基調とする平和の世界を志向《しこう》していたといいます。そして、三代にわたる継承《けいしょう》と努力によって、平泉の栄光の時代は築かれたのです。

今、岩手の方々は、試練《しれん》に屈《くっ》せず、手を携《たずさ》えて新たな開拓《かいたく》に挑《いど》まれています。この人間の連帯こそ、子や孫たちに誇《ほこ》り高く残せる黄金の魂《たましい》の遺産《いさん》ではないでしょうか。


焦点《しょうてん》は若い世代です。

戦後の復興期《ふっこうき》、少年誌の編集長であった私は、岩手出身の野村胡堂《こどう》先生に連載をお願いしました。「銭形平次《ぜにがたへいじ》」で一世を風靡《ふうび》した作家です。幼き日に自宅が全焼《ぜんしょう》した苦労を聞かせてくださったこともあります。三人のお子さんに先立たれる悲しみも乗り越えられました。

「勇気を出せ」「どんなことにもめげずに、闘って行くのだ」[*1]とは、野村先生が若人《わこうど》たちへ、愛情深く贈られた激励です。

今回、避難所《ひなんじょ》となった私どもの会館でも、青年たちの奮闘《ふんとう》は立派でした。子どもたちも勉強の合間《あいま》に、救援物資の運搬《うんぱん》や仕分け、食事の準備や清掃などに積極的に励んでくれました。その健気《けなげ》な姿《すがた》に、皆が勇気づけられたのです。

「艱難《かんなん》に勝《まさ》る教育なし」

岩手の大地に、次代を担《にな》う偉大な人材が続々《ぞくぞく》と躍《おど》り出ることを、私は確信する一人です。

「心こそ大切なれ」――信頼する岩手の友と常に学び合ってきた仏典《ぶってん》の一節です。

岩手には、強く明るい「希望」と「開拓《かいたく》」の心が輝いています。

野田村に、私と妻も敬愛《けいあい》する〝地域のお母さん〟がおられます。九十一歳の母上の口癖《くちぐせ》は、「一番苦労した人が一番幸せになる」です。

この尊《とうと》き母たちの信念光る岩手から、未来を照らす幸福の太陽が、いやまして力強く昇《のぼ》りゆくことを、私は深く祈ってやみません。

＊1　瀬名堯彦編『野村胡堂集』、『少年小説大系23』三一書房

秋田は「東北合衆国」の柱

【秋田魁新報】２０１２年４月24日、25日

不屈《ふくつ》の人材が立つ大地

「陰徳《いんとく》あれば陽報《ようほう》あり」

若き日から親交《しんこう》を重ねてきた秋田の旧友たちに、敬愛《けいあい》を込めて贈った箴言《しんげん》です。

秋田の友は、陰《かげ》で苦労して人に尽《つ》くしながら、喝采《かっさい》など求めない。誰が見ていようがいまいが、地道に誠実な行動を貫《つらぬ》き通している。この友たちこそ、最も晴れがましい果報《かほう》に包《つつ》まれるべきだと、私は信じ、祈ってきました。

東日本大震災に際しても、試練《しれん》の被災地《ひさいち》を秋田の方々がどれほど支《ささ》えてこられたか。

「秋田の友の励ましがあればこそ」などの感謝の声を、数え切れぬほど伺《うかが》っています。その人知れぬ尊《とうと》き献身《けんしん》は、今もたゆみなく続いております。

私の知る由利本荘市《ゆりほんじょう》の壮年は、宮城県の仮設《かせつ》住宅の建設を依頼されました。予定の工事が詰《つ》まっており悩んでいると、「今こそ人のために」と背中《せなか》を押してくれたのは、家族でした。工事関係者も「被災者のためなら」と日程を変更《へんこう》し、協力してくれました。

真心《まごころ》込めて尽力《じんりょく》する中で、自身も被災者の方から大きな勇気をもらったといいます。

秋田の方々は、原発事故による風評《ふうひょう》被害、観光業の冷え込みなど、幾多《いくた》の苦難に立ち向かいながら、被災三県に寄り添《そ》っておられます。チェルノブイリ原発事故で被害にあったベラルーシへの医療支援の経験を生かし、福島への支援にも取り組まれています。

秋田の懸命《けんめい》な貢献《こうけん》が、東北の復興《ふっこう》はもとより、日本全国そして世界の前途《ぜんと》を、必ずや明るく照らしゆくことを、私は強く確信してやみません。

私の師・戸田城聖《じょうせい》先生も、秋田をはじめ東北の青年を深く愛していました。師の持論《じろん》は「東北は一つ」であり、人体に譬《たと》えれば、秋田は「肺」であり「腕」である、と。

まさに「東北合衆国」の柱の存在です。

地理的な観点とともに、常に新鮮な息吹《いぶき》と活力を漲《みなぎ》らせ、新時代を切り開いている秋田人の雄々《おお》しき魂《たましい》に光を当てた洞察《どうさつ》でした。

日本最大と名高い能代《のしろ》市の「風の松原」についても、その歴史を師と学びました。

江戸時代、季節風が吹き上げる砂の害に困《こま》り果てていた民衆の生活を守るため、立ち上がったのが、秋田藩士《はんし》・栗田定之丞《くりたさだのじょう》と賀藤景林《かとうけいりん》です。

悪戦苦闘《あくせんくとう》の末に、不毛《ふもう》とされてきた砂浜に植林《しょくりん》する方法を確立しました。さらに、その後に続く無数の人々の努力によって、七百万本もの見事な松原が築かれたのです。

五年前（二〇〇七年）、〝アフリカの環境の母〟ワンガリ・マータイさんは、秋田市の下浜海岸で青少年たちと一万本の植樹を行いました。あの快活《かいかつ》な笑顔で、「皆で力を合わせれば、どんなに不可能と思われるようなことも、必ず成し遂げることができる」と語っていた信念の言葉が蘇《よみがえ》ります。

日本三大美林《びりん》の「秋田杉」は、なぜ美しいのか。それは、激しい寒暖差《かんだんさ》と風雪《ふうせつ》に耐《た》え、じっくりと成長を続けることで、木目《もくめ》が細《こま》かく、きれいに揃《そろ》うからだといいます。

環境が厳《きび》しいからこそ、日本一の杉が育つのです。

まさに、どんな吹雪《ふぶき》にも胸を張って、粘《ねば》り強く乗り越えてきた、秋田の偉大な先人《せんじん》たちの姿《すがた》とも重なります。

教育県の秋田は、全国最優秀の学力・体力を誇《ほこ》ります。若き世代は父母の後ろ姿を見つめながら、まっすぐに堂々と育っています。この不屈《ふくつ》の人材の林立《りんりつ》こそ、「陰徳《いんとく》」を積む秋田に輝く、希望の「陽報《ようほう》」ではないでしょうか。

美心《びしん》の宝土《ほうど》に希望の花

秋田は歌のふるさとです。懐《なつ》かしい「浜辺の歌」や「かなりや」など、多くの名曲を残した成田為三《なりたためぞう》先生も、北秋田市の出身《しゅっしん》でした。

私も若き日、お邪魔《じゃま》した秋田の友のお宅で、美しく年輪《ねんりん》を重ねた笑顔皺《じわ》のお母様を囲《かこ》み、一緒に何曲も楽しく童謡《どうよう》を歌ったことを思い出します。歌には、心を結び、喜びを分かち合う力があります。

私は、秋田がアピールする「あんべいいな」という言葉の響《ひび》きが大好きです。「あんべいいな」、つまり「案配《あんばい》がいい」とは、「もっともっと」という際《さい》限《げん》のない欲望《よくぼう》を戒《いまし》める賢《かしこ》き心です。「ほどよい」バランスを取り、共々に「満足しよう」とする美しい心でもありましょう。

それは、人類的な課題である「持続《じぞく》可能な未来」を創《つく》り開く上でも、大切なキーワードではないでしょうか。

食糧自給率《じきゅうりつ》が全国トップクラスの秋田は、食を支《ささ》え、命を守ってくださる日本の宝土《ほうど》です。

この農業王国・秋田で、明治から大正にかけ、農民の連帯を築いて社会を再生させ、「農聖《のうせい》」と呼ばれたのが、石川理紀之助翁《いしかわりきのすけおう》です。冷害《れいがい》による借金に苦しむ村々に飛び込み、率先垂範《そっせんすいはん》で立て直して、負債《ふさい》も完済《かんさい》されました。

出来上がった農作物の種子を交換する「種苗《しゅびょう》交換会」も創設しています。農業の成果を分かち合う、この画期的《かっきてき》な取り組みは、戦下《せんか》でも続けられ、今秋、実に百三十五回目を数えると伺《うかが》いました。

私が対談した、インドの持続可能《じぞく》な「緑の革命」の父・スワミナサン博士は「農民の幸せな笑顔が、その国の幸福を決める」と言われました。

私の創立した創価大学に学んでくれた卒業生たちも、大潟村《おおがた》などで朗《ほが》らかにたくましく、潮風害や豪雪などの試練《しれん》と闘い、農業の振興《しんこう》と郷土の発展に尽力《じんりょく》しています。

「労苦《ろうく》と使命の中にのみ　人生の価値《たから》は生まれる」との大学の指針《ししん》そのままに奮闘《ふんとう》してくれていることが、創立者として何よりの誇《ほこ》りです。

伝統ある文化行事が行われる秋田は、民衆が喜び舞《ま》う大地です。秋田市の竿燈《かんとう》まつり、羽後《うご》町の西馬音内《にしもない》盆踊り、鹿角《かづの》市の花輪《はなわ》ばやし、大仙《だいせん》市の花火大会、男鹿《おが》市のなまはげ等、日本中、世界中から大勢《おおぜい》の観光客を迎えます。

近年、秋田港から対岸国と欧州《おうしゅう》までを結ぶ、遠大《えんだい》な「環《かん》日本海シーアンドレール構想」も提唱《ていしょう》されています。

秋田魁《さきがけ》新報の気鋭《きえい》の連載「秋田げんきプロジェクト」では、誇り高く「ここに生きる」とのテーマが掲げられていました。誠心誠意《せいしんせいい》、ベストを尽《つ》くして「ここに生きる」秋田の元気が、東北の元気となり、明日の元気と広がることを、皆が願っています。

インドのスワミナサン博士と会見（2002.10　東京）

仏典《ぶってん》には「心清《きよ》ければ土《ど》も清し」と明かされています。

仙北《せんぼく》市の桜の名所は、昭和初期に、不況《ふきょう》と凶作《きょうさく》に苦しむ中、振興策《しんこうさく》として行われた桧木内《ひのきない》川の築堤《ちくてい》事業が淵源《えんげん》です。堤《つつみ》の完成後、人々は美しい感謝の心で、一本一本、桜を植樹していったのです。

長年の地元の方々の丹精《たんせい》によって、今や延《の》べ二キロにも及ぶ「桜のトンネル」となり、絶景《ぜっけい》と讃《たた》えられています。

故郷・秋田を愛し、描いた勝平得之《かつひらとくし》画伯《がはく》は語りました。

「我々の郷土は美しく、我々の自然は楽しい」

「我々の仕事が輝かしいばかりの花を開く時の来るのを信じている」[*1]と。

わが秋田の友の「美心《びしん》」は、いやまして美しく豊かな宝土《ほうど》を光らせ、希望の花を、幸福の花を、そして勝利の花を、未来へ万朶《ばんだ》と咲き広げゆくことでしょう。

＊1　「秋田魁新報」昭和3年12月25日付。現代表記に改めた。

すべては〝青い森〟から

【東奥日報】２０１３年１月９日、10日、11日

夢は始まる

歌は希望の響《ひび》きです。心を結び、命に勇気を贈ってくれます。

青森の友人から、県民の歌「青い森のメッセージ」（作詞・山内美空、補作・伊藤アキラ）を教えてもらいました。この歌には、人と人が集まって森となり、「青い森」という輝く社会を創《つく》りゆく願いが込められていると伺《うかが》っています。

私自身、青森への初訪問より五十五年――折々《おりおり》に「青森の『青』は青年の青、『森』は人材の森」と語り合ってきました。

それは、この県民の歌の心にも通じます。

詩情《しじょう》豊かな歌詞には、

「この森から」――

「夢は始まる」

「人はかがやく」

「道はひろがる」

と歌われています。

ここでは、この三つの言葉を案内役に、敬愛《けいあい》する青森が、日本そして世界へ発信する宝《たから》のメッセージを学んでいきたいと思います。

第一回は、「夢は始まる」です。

この冬もまた、青森は大雪と伺《うかが》いました。雪かきや雪下ろしのご苦労が偲《しの》ばれます。

私にも大切にしている雪の青森の思い出があります。一九七九年（昭和五十四年）の一月に訪れた青森市で、一面の銀世界の中、高校生の有志が、オオハクチョウの雪像《せつぞう》を作ってくれたのです。

大雪をものともせず羽ばたく姿《すがた》に、未来の夢へ朗《ほが》らかに飛翔《ひしょう》しゆく青森の若人《わこうど》たちの大いなる心の翼《つばさ》を、私は見る思いがしました。

三年前（二〇一〇年）、六十億キロもの宇宙の旅から探査機《たんさき》「はやぶさ」が奇跡《きせき》の帰還《きかん》を果たし、小惑星《しょうわくせい》の微粒子《びりゅうし》を持ち帰りました。この時、「夢を超《こ》えた」と語られたのは、プロジェクトマネジャーである弘前《ひろさき》市出身の宇宙科学研究所・川口淳一郎《じゅんいちろう》教授です。

幾多《いくた》のアクシデントを乗り越え、大偉業を成し遂げた「夢をあきらめない心」の真ん中には〝青い森〟の不屈《ふくつ》の魂《たましい》があったのです。

津軽弁《つがるべん》で頑固者《がんこもの》を「じょっぱり」と言いますが、川口教授はこう言われています。

「一つのことに固執《こしつ》してずっと頑張るというよりは、独自性《どくじせい》、オリジナリティーへのこだわり。それが本物のジョッパリだと思うんです[*1]」

たしかに「わだばゴッホになる」と夢を描き、「世界のムナカタ」へと大《たい》成《せい》された棟方志功《むなかたしこう》先生も、そうです。親や友との約束を胸に貧困《ひんこん》に耐《た》えながら、独創《どくそう》の力を磨《みが》き、次々と新たな作品を生み出して、版画《はんが》に大革命を起こしていかれました。

まさしく「じょっぱり精神」とは、地吹雪《じふぶき》で一歩先すら見えない日々でも、夢を手放《てばな》さず、自分らしく新たな創造《そうぞう》と開拓《かいたく》の努力を貫《つらぬ》く一念といえるのではないでしょうか。

鶴田《つるた》町に、私が知る津軽三味線奏者《そうしゃ》の青年がいます。

次代を担《にな》う演奏家として期待を集める中、突然、原因不明の血行《けっこう》障害に襲《おそ》われました。奏者として命に等しい左手指の切断《せつだん》さえ心配される試練《しれん》でした。

しかし、周囲の温かな励ましに奮《ふる》い立ち、「負けてたまるか」と挑戦を開始しました。痛《いた》みをこらえて猛《もう》練習を重ね、絶望視《ぜつぼうし》された全国大会で優勝を飾《かざ》り、病気も劇的《げきてき》に克服《こくふく》していったのです。

彼は「逆境《ぎゃっきょう》こそ自分を磨《みが》き、高めてくれる。さらに苦労し、人の心を打つ演奏家に成長していきたい」とすがすがしく語っています。

困難が行く手をはばむとも、負けじ魂《だましい》を燃やして挑《いど》む限り、何度でも、夢は始まります。

今、経済をはじめ、青年を取り巻く環境は厳《きび》しい。だからこそ、夢に向かって「じょっぱり精神」で戦う青年たちを、皆で応援し、豊かな森のように育《はぐく》んでいきたい。そこには、勝利の春が必ず来るからです。

＊1　川口淳一郎・松田修一、東奥日報社編『探査機「はやぶさ」川口淳一郎の視点』東奥日報社

人はかがやく

二十年ほど前の夏、十和田湖畔《とわだこはん》で懐《なつ》かしい青森の友人と久方《ひさかた》ぶりに再会を果たし、語り合ったことがあります。

それは、奥入瀬渓流《おいらせけいりゅう》で仰《あお》ぎ見る大樹も、春夏秋冬、戦い勝っているから青々と伸びられる。生命は戦いの中で輝くということです。

あの日本の夏を彩《いろど》る「ねぶた（ねぷた）」の灯籠《とうろう》も、人知れず全身全霊《ぜんしんぜんれい》を懸《か》けた創作の戦いから生まれます。

東奥《とうおう》日報の記事で、「ねぶた師」の巨匠《きょしょう》が「技術に人格がそなわって、初めて名作が生まれる」と語られていたことが、私の心に残っています。

青森は、自然も、文化も、歴史も、堂々たる王者の風格《ふうかく》を湛《たた》えた天地です。その地で、郷土の発展のために、陰《かげ》の苦労をいとわず、誠心誠意《せいしんせいい》を尽《つ》くしていく人生もまた、王者の風格に輝いています。

—青森—

仏典《ぶってん》には、「王」とは、その文字の如《ごと》く、天と人と地を貫《つらぬ》いて少しも揺《ゆ》るがない存在であると説かれます。

明治時代、七戸《しちのへ》町と旧大深内《おおふかない》村（現・十和田市）にまたがる荒屋平《あらやたい》の開拓《かいたく》に挑《いど》み続けた工藤轍郎翁《てつろうおう》の苦闘《くとう》も、思い起こされます。

耕作《こうさく》に不向《ふむ》きな、火山灰土壌《どじょう》の原野《げんや》の開墾《かいこん》でした。しかも、ほとんど無一文《むいちもん》での挑戦で、容赦《ようしゃ》ない批判を浴《あ》びました。多くの障害が打ち続く中、なぜ、この難《なん》事業が成就《じょうじゅ》したのか。

それは、ひとえに、工藤翁の不屈《ふくつ》の情熱と、人を引きつけてやまぬ人格の輝きにあったといわれます。

何があっても、農民のため、郷土のため、朗《ほが》らかに信念を貫く翁の意気に感じ、心ある人々は強力な支援を惜《お》しみませんでした。

工藤翁は、借金を重ねながらも、農家の子弟《してい》のために学校を作るなど、教育にも力を注《そそ》いでいます。

翁《おう》が作業場に住み込んで、人生を捧《ささ》げ通した開拓地《かいたくち》の一隅《いちぐう》には「この美田《びでん》を子孫《しそん》におくる」と刻《きざ》まれた石碑《せきひ》が建てられています。

無私《むし》にして一徹《いってつ》な人格の輝きが、青森には満《み》ちています。


おいらせ町で、イチゴの栽培《さいばい》に取り組んできた知人がいます。

それは、四十数年前、稲作と漁業の低迷《ていめい》から人口が減る町の立て直しを願い、始められた挑戦です。温暖な地での栽培が常識だった当時、見向きもされなかったが、懸命な努力が実り、一人また一人とイチゴ農家が増えて、米が不作《ふさく》でもイチゴで収入をカバーできるまでになりました。

ところが、先の東日本大震災で、彼の畑はすべて津波《つなみ》に飲まれてしまったのです。

すでに八十歳。一度はあきらめかけたが、勇気を奮《ふる》って再起しました。除《じょ》塩《えん》作業を繰り返し、ついに再び、真っ赤な美味《おい》しいイチゴが収穫《しゅうかく》できたのです。

「イチゴは俺《おれ》の命だから、この身が朽《く》ち果《は》てる最後の最後まで栽培《さいばい》を続けるよ」と誇《ほこ》り高く語ります。

丹精《たんせい》こめて育てられたイチゴは、一粒《ひとつぶ》また一粒が、凜《りん》と王子王女の如《ごと》く光っています。

私が創立した創価高校は修学旅行で、西目屋村《にしめや》など、青森の皆さま方に大変にお世話になっております。

三年前（二〇一〇年）には、世界遺産《いさん》の白神山地《しらかみさんち》で育《はぐく》まれたブナの苗木《なえぎ》を分けてくださいました。生徒たちは、校庭で大切に育てました。そして後輩に託《たく》して、昨年（二〇一二年）の旅行時に、白神山地のふもとに植えて〝帰郷《ききょう》〟させたのです。その苗木が大樹と伸びゆく未来を、学園生は自分たちの成長と重ね合わせて見つめています。

木は、今いる場所に根を張り、他の木々と共に風雪を勝ち越えていく中で、青々と光り輝く王者の森をつくります。

奥入瀬《おいらせ》の天を突く大樹のように、自《みずか》らの使命の場所で信念に生き抜いてこそ、「人はかがやく」。このことを、私たちは未来の世代に、自らの姿《すがた》で伝えていきたいと思うのです。

道はひろがる

一九七一年（昭和四十六年）の六月、私は三本木原《さんぼんぎはら》台地の道に立っていました。目の前には田植えを終えたばかりの水田が広がり、水面には空が映《うつ》っていました。

かつて〝樹木一本も見えず〟と酷評《こくひょう》されたこの不毛《ふもう》の原野《げんや》の開拓《かいたく》に着手したのは、下北郡川内町《かわうちまち》（現・むつ市）で青年時代を過ごした新渡戸傳翁《にとべつとうおう》です。その志《こころざし》は、長男・十次郎に受け継《つ》がれ、今日の豊かな実りの大地となりました。自分が信じる道を、未来に向かって前へ前へと歩《あゆ》む人がいてこそ、「道はひろがる」といえましょう。

日本画の大家《たいか》・東山魁夷画伯《ひがしやまかいいがはく》も、青森の美しさに魅《み》せられた一人です。画伯の代表作「道」は、八戸《はちのへ》市の種差《たねさし》海岸がモデルです。

画伯《がはく》は、戦前にスケッチした道の姿《すがた》を、ずっと心に温めていました。応《おう》召《しょう》され、死と向き合った日々を超《こ》えて迎えた一九五〇年、「道」を描くことを決め、再度訪れました。

画伯は述懐《じゅっかい》します。

「私の心の中に、このひとすじの道を歩こうという意志的《いしてき》なものが育ってきて、この作品になったのではないだろうか」[*1]と。

画伯が描こうとしたのは、あくまでも〝これから歩《あゆ》む道〟です。そこには、未来へ広がる創造の道を歩む決心が託《たく》されています。

過去を振り返るだけでは、失敗が悔《く》やまれたり、昔の栄光に引きずられたりして、新たな価値は生まれない。

大切なのは、常に「今から」「きょうから」「ここから」進む道です。

古来、青森は、本州と北海道、さらに大陸をつなぐ道の要衝《ようしょう》でありました。

活発な交易《こうえき》や農漁業の様子《ようす》は、三内丸山遺跡《さんないまるやまいせき》などからわかっています。

今も青森は、世界に愛されるリンゴをはじめ、ニンニク、ゴボウの生産量、ヒラメ、シラウオの漁獲量《ぎょかくりょう》で全国一を誇《ほこ》ります。

農林水産業など第一次産業に就《つ》く比率も、食糧自給率《じきゅうりつ》も、トップクラスです。

先哲《せんてつ》の言葉に「食物には三つの徳がある。一つには生命を維持《いじ》し、二つには健康を増し、三つには力を強くする徳である」とあります。

まさに「食は命」です。食を支《ささ》えることは、命を支えることです。その食と命を支える青森は、日本の宝《たから》です。

私の妻から、青森市に、食についての講習会等で活躍された地域活動栄養士がおられると聞きました。彼女は「料理などの家事が、どんなに価値ある仕事なのかを、女性自身が自覚し、〝こんなに、すてきなことをしているんだ〟

と、自信をもって輝いてもらいたい」と語っています。

地域発展の鍵《かぎ》を握るのは、女性の力です。地域に根を張って生きる女性たちが輝けば、その地域も栄えます。そこから、郷土を希望の「宝土《ほうど》」とする道も、未来へ大きく広がっていくのではないでしょうか。

ここまで、「夢は始まる」「人はかがやく」「道はひろがる」とのキーワードで、〝青い森〟の宝《たから》を学んできました。

いずれも、私たちの足下《そっか》にあるものです。

わが愛する郷土、そして、わが尊極《そんごく》の生命の中にある「宝」に光を当ててこそ、「地方」は「地宝」の輝きを放っていきます。

その意味でも、東奥《とうおう》日報社の編集綱領《こうりょう》に詠《うた》われている「ローカルを重視《じゅうし》せよ」との視座《しざ》から、真の繁栄《はんえい》の道が浮かび上がることを確信いたします。

かけがえのない「心のふるさと」青森が、創刊百二十五周年の佳節《かせつ》を迎えられた東奥《とうおう》日報とともに、いやまして栄えゆかれることを、私は願ってやみません。

＊1　東山魁夷『泉に聴く』講談社

メッセージ

2011・3・11 東日本大震災に寄せて

断じて負けるな いかなる苦難も「心の財《たから》」は壊《こわ》せない

【聖教新聞】２０１１年３月16日

勇気を持て　希望を持て

このたびの東日本大震災に際し、被災《ひさい》なされた皆様方に、重ねて心よりお見舞いを申し上げます。

大地震・大津波より六日目。安否《あんぴ》を確認できない方々も多数おられます。

皆様方の疲労も、さぞかし深いことでしょう。体調を崩《くず》されぬよう、そして十方《じっぽう》の仏菩薩《ぶつぼさつ》から守りに護《まも》られますように、私も妻も、全国の同志も、世界の同志も、一心不乱《いっしんふらん》に題目を送っております。

わが身をなげうって救援・支援に尽力《じんりょく》くださっている役員の方々、さらに地域の依怙依託《えこえたく》の皆様、誠に誠にありがとうございます。

「一国の王とならむよりも、一人の人を救済するは大なる事業なり」*1とは、東北が生んだ青年詩人・石川啄木《たくぼく》の叫びでありました。

私は最大の敬意と感謝を表します。

御書には、災害に遭《あ》っても「心を壊《やぶ》る能《あた》わず（＝心は壊せない）*2」と厳然《げんぜん》と示されています。

「心の財《たから》」だけは絶対に壊《こわ》されません。

いかなる苦難も、永遠に幸福になるための試練《しれん》であります。すべてを断固《だんこ》と「変毒為薬《へんどくいやく》」できるのが、この仏法であり、信心であります。

また、逝去《せいきょ》なされたご親族やご友人の追善回向《ついぜんえこう》を懇《ねんご》ろに行わせていただいております。本当に残念でなりませんが、生命《せいめい》は永遠であり、生死《しょうじ》を超《こ》えて題目で結ばれています。

妙法に連《つら》なる故人《こじん》は必ず諸天に擁護《ようご》されて成仏《じょうぶつ》され、すぐに近くに還《かえ》ってこられます。これが仏法の方程式《ほうていしき》であります。

日蓮大聖人の御在世《ございせ》にも「前代未聞《ぜんだいみもん》」と言われる正嘉《しょうか》の大地震がありました。人々の悲嘆《ひたん》に胸を痛められ、大難の連続の中、「立正安国《りっしょうあんこく》」という正義と平和の旗を厳《げん》として打ち立ててくださったのであります。

大聖人は「大悪をこ《起》れば大善きたる」*3 と御断言になられました。

きょう「3・16」は、恩師《おんし》・戸田城聖《じょうせい》先生が、この世から一切の不幸と悲惨《ひさん》を無くすために、「広宣流布」を後継《こうけい》の青年に託《たく》された日であります。一段と強く広宣流布を誓願《せいがん》し、共々に励まし合い、支《ささ》え合いながら、この大災難を乗り越え、勝ち越えてまいりたい。

断じて負けるな！　勇気を持て！　希望を持て！　と祈り叫んで、私のメッセージとさせていただきます。

＊1　『啄木全集7』筑摩書房
＊2　『新編日蓮大聖人御書全集』（創価学会版）六五《ページ》
＊3　同一三〇〇《ページ》

東北の人材城は厳然

【聖教新聞】２０１１年3月18日

私の心も東北にあります。愛する皆様方と一緒です。どれほど痛ましい、甚大《じんだい》な被害か。改めて、心よりお見舞い申し上げます。

胸の張り裂《さ》けるような惨状《さんじょう》のなかで、皆様方は、菩薩《ぼさつ》の如《ごと》く、いな仏《ほとけ》そのものの勇気と慈悲《じひ》と智慧《ちえ》をもって、一人一人の友を励まし、大勢《おおぜい》の方々を救ってくださっています。

東北をこよなく愛された、わが師・戸田城聖《じょうせい》先生は、よく言われておりました。

「いざという時に、人間の真価《しんか》は現《あらわ》れる。いざという時、絶対に信頼できるのが、東北人だよ」と。本当に、その通りであります。

一番、純朴《じゅんぼく》で親切な、一番、誠実で忍耐《にんたい》強い、わが東北の友の偉大な奮闘《ふんとう》に、私は心で熱い涙を流しながら、最敬礼《さいけいれい》しております。

日蓮大聖人は、最愛の家族を失った一人の女性に、こう仰《おお》せになられました。

「法華経を持《たも》ちたてまつるものは地獄即寂光《じごくそくじゃっこう》とさとり候《そうろう》ぞ」*1と。

いかに深い悲しみや苦しみにあっても、絶対に負けない。妙法を唱《とな》え、妙法とともに生き抜く、わが生命《せいめい》それ自体が、金剛《こんごう》にして不壊《ふえ》の仏《ほとけ》だからであります。

戸田先生も、東北の友に語られました。

「大聖人は、すべての大難を乗り切られた。これが実証《じっしょう》です。あなたには、妙法があるではないか。創価学会があるではないか」

　いまだに、ご家族や同志・友人の安否《あんぴ》が掌握《しょうあく》できない方々の心中は察《さっ》するにあまりあります。

　私も、妻と題目を送り続けております。

　御聖訓には、「設《たと》い身は此《こ》の難に値《あ》うとも心は仏心《ぶっしん》に同じ[*2]」とあります。

　どんな境遇《きょうぐう》にあろうとも、広宣流布に進む私たちの心は、同じ仏《ほとけ》の境《きょう》涯《がい》にあります。生々世々《しょうじょうよよ》、仏の常楽我浄《じょうらくがじょう》の世界で、一緒であり、一体《いったい》なのであります。仮《かり》に一時《いっとき》、離れ離れになろうとも、この生命《せいめい》の不可思議《ふかしぎ》な絆《きずな》だけは、決して切れることはありません。

　ともあれ日本中、世界中の友が、異口同音《いくどうおん》に感嘆《かんたん》し、驚嘆《きょうたん》していることは、「東北だからこそ、これだけの大災害にも屈《くっ》しない。東北には、なんと崇高《すうこう》な人材群がそろっていることか」ということであります。

創価の名門・仙台支部の誕生から六十年——。これが、戸田先生の願い通り、誇《ほこ》り高き皆様方が私と共に築き上げてくださった、難攻不落《なんこうふらく》の東北の人材城であります。

東北出身の哲学者・阿部次郎は、「如何《いか》なる場合に於《お》ても思想は力である」[*3]と言いました。最極の人間主義の思想である仏法は、最強の人間主義の力であります。

今から二百五十年以上前、ポルトガルの都《みやこ》リスボンは、大地震と大津波《つなみ》と大火事によって壊滅《かいめつ》しました。

しかし、そこから迅速《じんそく》に立ち上がり、幾多《いくた》の人材の力を結集して、大復興《ふっこう》を成し遂げ、最高峰《さいこうほう》の理想都市を建設していった歴史があります。

どうか、大変でしょうけれども、一日一日、無量無辺《むりょうむへん》の大功徳を積みながら、人類が仰《あお》ぎ見る「人間共和の永遠の都《みやこ》」を、東北天地に断固《だんこ》として創《つく》り上げていってください。

私も、愛する東北の皆様のために、いよいよ祈り、総力を尽《つ》くしてまいります。

最も大きな難を受けた東北が、最も勝ち栄えていくことこそが、広宣流布の総仕上げだからであります。

大切な大切な皆様方、どうか、お元気で！　お達者《たっしゃ》で！　四六時中《しろくじちゅう》、題目を送り抜いてまいります。

＊1　『新編日蓮大聖人御書全集』（創価学会版）一五〇四ジペー

＊2　同一〇六九ジペー

＊3　阿部次郎『合本　三太郎の日記』岩波書店

発刊に寄せて

- 東奥日報
- 岩手日報
- 河北新報
- 福島民報
- 山形新聞
- 秋田魁新報

東北に希望と勇気を与える

東奥日報社
代表取締役社長
塩越 隆雄

明治21年創刊。官僚の御用紙に対抗して自由民権の伸長を目的に発刊。地元重視で、県の歴史と共にある。

この本に収録され、東奥《とうおう》日報紙上に掲載された池田名誉会長の寄稿文《きこうぶん》は、三つの連載です。

二〇〇二年、「日中国交正常化三十周年に寄せて」、二回目は二〇〇八年、当社のナポレオン展に寄せて、三回目は「すべては〝青い森〟から」です。

いずれも、平易《へいい》な表現、水の流れのごとき文章で、当社の編集マンから、驚きの声が上がったのを覚えています。

しかも、その内容たるや、長い歳月《さいげつ》を経《へ》ても、極《きわ》めて今日的《こんにちてき》な、普遍的《ふへんてき》な提言が込められていることを、読み直して再認識させられました。

当社は中国との交流が深い新聞社です。いま尖閣《せんかく》諸島をめぐる領土問題で、日中はかつてない対立関係にあります。が、氏はその先駆的《せんくてき》体験から、交流の大切さを懇々《こんこん》と説いています。

ナポレオン展では、青森県を代表する明治の新聞人、反骨《はんこつ》の士、陸羯南《くがかつなん》（弘前市出身）を取り上げ「近年、青少年の活字離れが憂慮《ゆうりょ》されている。良質の活字文化は、かけがえのない人間性の滋養《じよう》である。断じて死守《ししゅ》していかねばならない」と警鐘《けいしょう》を鳴らします。

いずれも至言《しげん》。氏の高邁《こうまい》な宇宙観から発せられた寄稿は、いま未曾有《みぞう》の困難に立ち向かう東北に希望と勇気を与えます。一読をお勧《すす》めします。

共生、共感の輪を全国に

岩手日報社
代表取締役社長
三浦　宏

明治９年創刊。世界遺産・平泉の地。県ゆかりの人は、啄木・賢治。新聞人として“人間力”を第一に。

『幸《さち》の光彩《こうさい》　みちのくは未来』――東北に寄せる池田名誉会長の慈《いつく》しみあふれる励ましと祈りを凝縮《ぎょうしゅく》したこのタイトルに、感動しました。

大震災後、岩手日報への特別寄稿《きこう》の冒頭で岩手が生んだ詩人・石川啄木《たくぼく》が大事にした「希望は世界の柱なり」の格言《かくげん》を紹介され、一人一人の不屈《ふくつ》の負けじ魂《だましい》が希望となって「世界の柱となる」と、熱いエールをいただきました。

古代から幾多《いくた》の艱難辛苦《かんなんしんく》に耐《た》え、乗り越えてきた東北の歴史への深い洞察《どうさつ》と、未来への展望を導《みちび》くおこころ配りに、改めて敬意を表し感謝を申し上げます。

岩手日報は、大震災を「風化させない　忘れない　忘れさせない」の思いを胸に、復興から希望に満ちた未来を目指して県民読者とともに歩んでおります。

折から、月刊誌「第三文明」が精力的に展開された東北復興シリーズは、今後の指針《ししん》として多くの示唆《しさ》と大きな勇気を与えてくれました。

池田名誉会長が、各紙を通して発せられた東北へのメッセージが、ここに一冊の書として全国に再発信される意義の大きさを思い、一人でも多くの読者の皆様が、東北の思いと未来に共感の輪を広げてくれることを願っております。

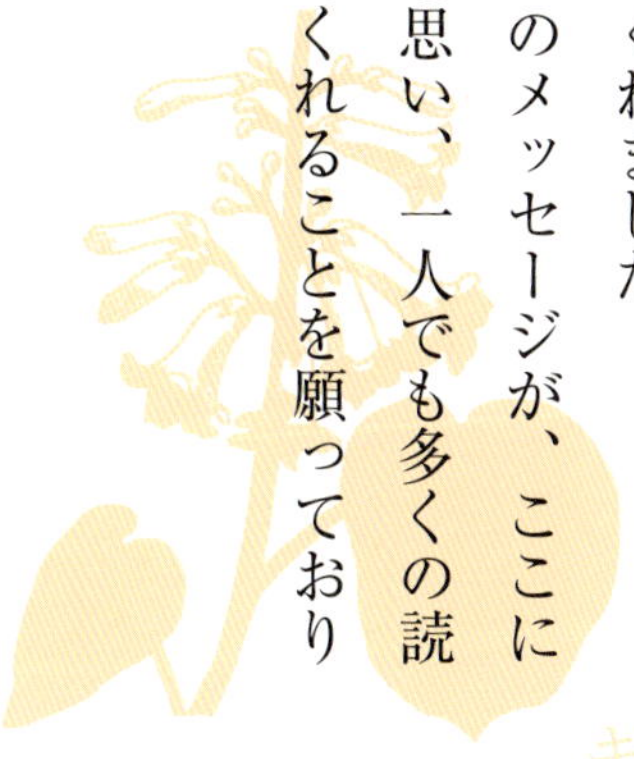

キリ

震災からの復興支える教育の力

河北新報社
代表取締役社長
一力 雅彦

明治30年創刊。スローガンは、「東」は未来。"豊かな東北"の建設を目指した創業の精神が、編集の根幹。

日本のＮＧＯ（非政府組織）・政府が国連に提案した「持続《じぞく》可能な開発のための教育（ＥＳＤ）」が二〇〇五年からスタート、今年（二〇一四年）締《し》めくくりの最終年を迎えた。

河北新報社は、この地球規模の新たな取り組みの意義を紹介する連載の中で、ＥＳＤの国連採択《さいたく》に積極的にかかわった創価学会インタナショナル（Ｓ

ＧＩ）の池田大作会長にも寄稿《きこう》をいただいた。

この中で池田会長は、アフリカの植林運動の指導者でノーベル平和賞を受賞したワンガリ・マータイ博士との対話を紹介し、教育の力がいかに大事かを強調され、東北の若い世代の挑戦に期待を表明。環境教育を通じて、東北の恵まれた自然を「世界へ、未来へ、守り残していきたい」と訴えられている。

３・11東日本大震災を経験し、東北の豊かな自然環境が破壊《はかい》された今こそ、環境再生に向けた粘り強い取り組みと、それを支《ささ》える教育の力、未来を切り開く若者への期待が高まっている。

河北新報社は大震災直後から「再生へ　心ひとつに」を東北復興のスローガンに掲げ、被災地・被災者に寄り添った報道を続けている。単なる「復旧」ではなく、真の「復興」へ。ＥＳＤの意義をあらためてかみしめ、志《こころざし》を固く持ち続けなければならないと決意を新たにしている。

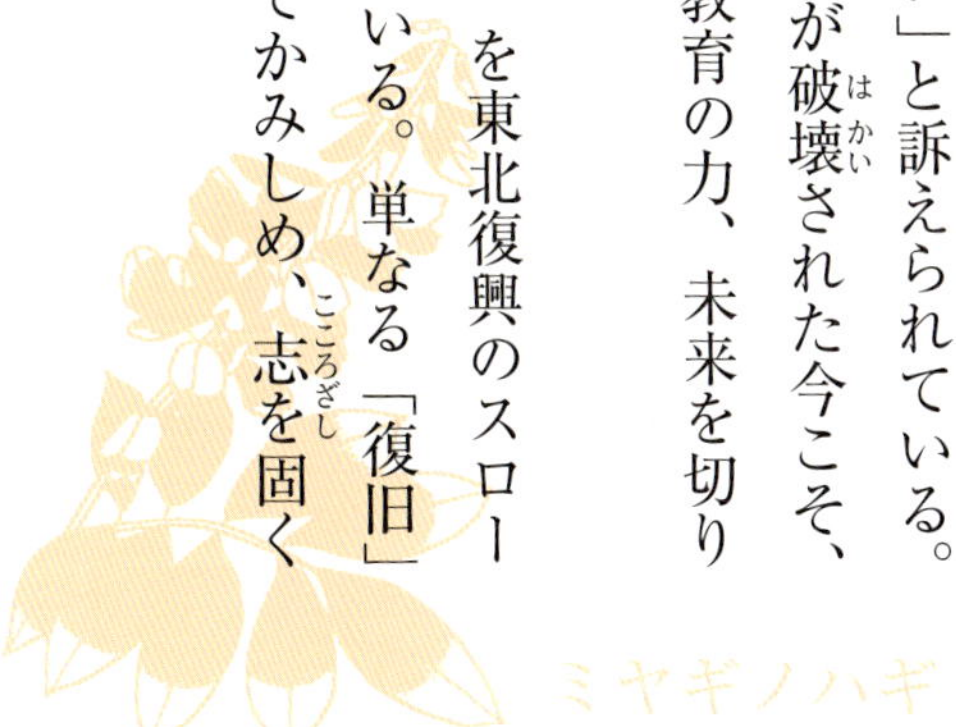

東北応援の玉章に感謝して

福島民報社
代表取締役社長
高橋雅行

明治25年創刊。「日本一の地方新聞」を目指す。3・11以降、被災者に寄り添った紙面作りを徹底。

東北は広く、奥が深い。
東北には文化が、資源がある。
そして、隣人《りんじん》をやさしく包み込む、素晴らしい人々がいる。
弊社《へいしゃ》はこれまで五度にわたり、池田大作名誉会長より寄稿《きこう》をいただきました。さきがけは昭和五十年の三月から七月にかけ、計十五回の掲載となった「つれづれ随想」です。人間の営みが森羅万象《しんらばんしょう》の下にある意味を身近な素材を切り口に説《と》かれました。

平成になって十四年の九月から十月に「日中国交正常化30周年を迎えて」、十七年の四月から六月に「戦後60年 平和を問い直す」、二十二年の十月から十一月に「福島の未来に輝く『5つのキーワード』」と続きました。

いずれも、歴史の節目《ふしめ》をグローバルな視点で解《と》きほぐし、この先、進むべき方向を示唆《しさ》する内容でした。東日本大震災からほぼ一年の二十四年二月、被災地応援の特別寄稿を拝受《はいじゅ》いたしました。三回続きで、キーワードをつなげると「うつくしま」は「負けない」という強い気持ちで日々「一歩前進」を積み重ね「世界の太陽」の里へ、という激励でありました。

ここに改めて深謝《しんしゃ》し、東北各県に対する池田名誉会長からの熱いエールの結晶とも言うべき、このたびの玉章《ぎょくしょう》刊行に心より祝意《しゅくい》を申し上げます。

ネモトシャクナゲ

東北に寄せる慈愛の眼差し

山形新聞社
代表取締役社長・主筆
寒河江浩二

明治９年創刊。理念は「社会正義の実現」。第一線のモットーは「足は山形に、目は世界に」。紙面４色化の先駆け。

この度《たび》、創価学会・池田大作名誉会長の寄稿文《きこうぶん》を一冊の本に取りまとめ、出版されますことは慶賀《けいが》の至りであります。

３・11東日本大震災以降、池田名誉会長の東北地方に寄せる慈愛《じあい》にあふれた眼差《まなざ》しは、多くの東北人、いや日本人全体に深い感動を呼び起こしています。

東北地方の各新聞紙上に掲載された寄稿文には、その地方の特質を改めて掘り起こし、光り輝く未来へと導《みちび》く暖かな思いが込められています。

被災地のみならず、東北地方の多くの人々がどんなに励まされたことか。その励みが、東北の再生に大きな力となっていることは間違いのないところだと思います。

東北地方の隅々《すみずみ》まで目を凝《こ》らし、人間としての血の温《ぬく》もりに細《こま》やかに、そして敏感に反応し、人々と思いを共有しながら、この地に生きていることの大切さと素晴らしさを訴える声が行間から聞こえてきます。

池田名誉会長のこうした姿勢は、混迷《こんめい》の時代を生きる人々の、折《お》れそうになる心を力強く支《ささ》えているのではないでしょうか。

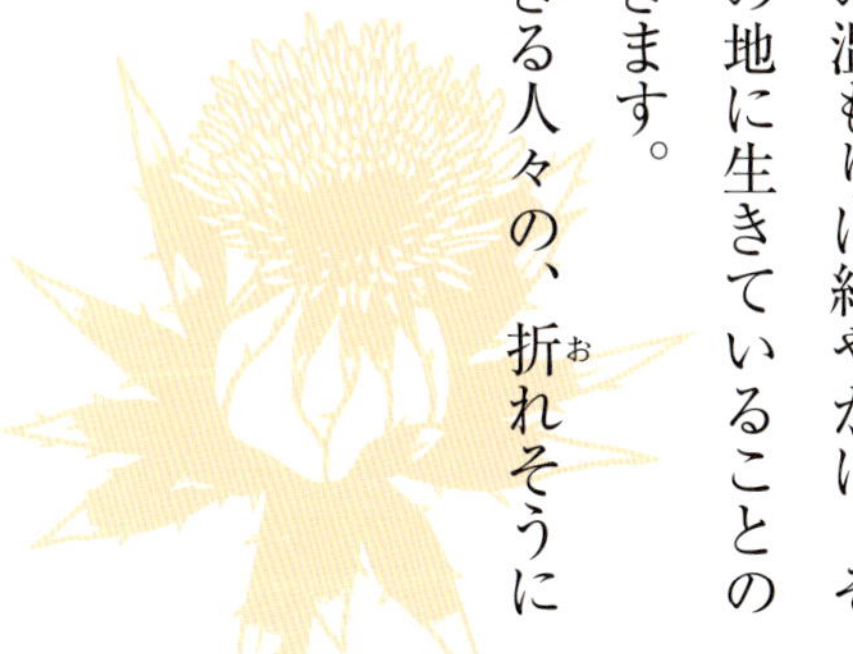

安心と喜び多き東北に

秋田魁新報社
代表取締役社長
小笠原直樹

明治７年創刊。東北で最も歴史が古い。明治16年には犬養毅が主筆に。「魁」とは、文章を司る神の意味をもつ。


東北地方の地図を思い浮かべている。

男鹿《おが》半島を鼻に見立てれば、角《つの》の生えた鬼《おに》の横顔に見えるし、下北《しもきた》と津軽《つがる》、そそり立つ二つの半島を口だとすれば、牙《きば》をむく獣《けもの》のようにも見える。

東北の地形は怪異《かいい》な空想をかき立てるが、この地に住む人々は鬼でもなければ、獣でもない。実に純朴《じゅんぼく》かつ従順で、温厚篤実《おんこうとくじつ》な人たちだ。地方と中央の格差が一段と広がり、呻吟《しんぎん》しているところに、あの3・11東日本大震災が追い打ちをかけた。東北はいま深い傷を負い、再生への道を模《も》索《さく》している。

その東北各紙に掲載された創価学会・池田大作名誉会長の寄稿文《きこうぶん》がこのほど一冊にまとめられた。いずれも逆境《ぎゃっきょう》にある東北の人々にエールを送る玉稿《ぎょっこう》だ。励まされ、勇気が湧《わ》く。

秋田魁《さきがけ》新報に寄せた一文で、池田名誉会長は秋田に「安喜多《あきた》」の字を当てた。安心と喜び多き宝土《ほうど》との意義だそうだ。

なるほど安心と喜びこそ、人々の幸福の原点であろう。苦難を乗り越え、不撓不屈《ふとうふくつ》の精神で、いつの日か安心と喜びに満ち満ちた東北を築きたいものだ。

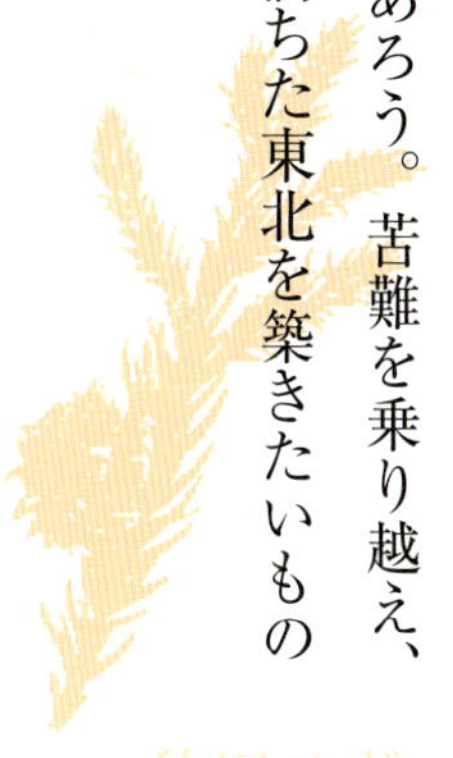

秋田スギ

輝

―かがやき―

―東京―

東北の挑戦に期待

【河北新報】２００５年5月18日

「『未来』は『今』にあります。将来、実現したい何かがあるなら、今、行動しなければなりません。何かを変えたいと思うなら、まず自分自身から変わらなければならないのです」

二〇〇五年二月、青年たちとお迎えした、ワンガリ・マータイ博士の言葉である。

地球環境問題の悪化が懸念《けねん》されるなか、アフリカの緑を守る「グリーンベルト運動」の先頭に立ってこられ、二〇〇四年、ノーベル平和賞を受賞されたことは、世界中に大きな勇気と希望を贈った。

三千万本の植樹は教育の力で

「環境」を守ることは「平和」を守ることだ。

博士は、三十年来、十万人の母たちと力を合わせて、アフリカ各地に三千万本もの植樹を進めてきた。この運動を成功に導《みちび》いた力は何か。私の問いかけに、博士は明快《めいかい》に「それは『教育』の力です」と答えられた。

つまり、環境の破壊《はかい》が地域社会にどのような問題をもたらすかを、皆で学び合い理解していった。そして「自分たちにできることを、自分たちの周《まわ》りから始めよう」と声を掛《か》け合い、一人また一人と仲間を広げた。さらにまた、母と子が一緒に苗木《なえぎ》を植えながら、「環境を大事にする心」を育《はぐく》んできたというのである。

二〇〇五年からスタートした、国連による「持続《じぞく》可能な開発のための教育

ケニアのワンガリ・マータイ博士と会見（2005.2　東京）

の十年」は、私ども日本のNGO（非政府組織）も強く呼び掛《か》けを積み重ねて、実現をみたものである。

「環境教育」には、生命を大切にする価値観を深く広く呼び覚《さ》ます力がある。ゆえに「人づくり」「地域づくり」「未来づくり」に直結している。

その意義深き挑戦を、日本で先駆的《せんくてき》に広げておられるのが、東北にほかならない。

「教育の十年」を担《にな》う人材を育成する「東北グローバルセミナー」の開催や、小中学校での地域性に根ざした「環境教育」の推進など、意欲的な取り組みが光っている。

厳《きび》しい冬の試練《しれん》を勝ち越えゆく天地は、いずこにもまして凜《りん》とした自然環境に恵まれている。この日本の宝《たから》を、世界へ、未来へ、守り残していきたい。

私も折にふれ、その願いを込め、詩情《しじょう》豊かな東北の四季を「自然との対話」の写真に収《おさ》めてきた一人である。

いわれなき誹謗《ひぼう》や投獄《とうごく》にも屈《くっ》せず、信念を貫《つらぬ》いてきたマータイ博士は、晴れ晴れと語っておられる。

「太陽も、空も、花も、私たちに微笑《ほほえ》みかけています。生きることは、それ自体が素晴らしい体験です。そして、青年の未来を開くために行動することは、最高に幸福な人生です」

生き生きと大自然を呼吸し、自《みずか》らを変革《へんかく》しながら、生命の尊厳《そんげん》をあらゆる暴力から守り抜いていくことは、なんと崇高《すうこう》な人生であるか。この強く正しく生き抜く喜びと誇《ほこ》りを、若き世代に伝えていきたい。

環境教育に関する意識啓発《けいはつ》を粘《ねば》り強く続けてこられた河北新報に、「滅《ほろ》びゆく松林」と題する特集記事が掲載されたことがある。そこには、保全《ほぜん》運動に決然と立ち上がった尊《とうと》き市民の言葉が紹介されていた。

「先祖から受け継《つ》いだ美林《びりん》が大変な目に遭《あ》った。黙《だま》ってみているわけにはいかなかった」

この魂《たましい》の叫びは、私の胸に今もって響《ひび》いている。

「持続《じぞく》可能な開発のための教育」も、このやむにやまれぬ心から始まることを銘記《めいき》したい。

日本の元気　山形から

【山形新聞】　２０１０年５月２日

あらゆるいのち輝く宝土《ほうど》

厳《きび》しき冬を勝ち越えた生命は、なんと誇《ほこ》り高いことか。

麗《うるわ》しい山形県の大地を縦断《じゅうだん》する桜前線は、勝利の万歳《ばんざい》のごとく、春の喜びを広げる。

樹齢《じゅれい》千二百年の伊佐沢《いさざわ》の久保桜（長井市）や、釜《かま》の越桜《こしざくら》（白鷹《しらたか》町）など、風雪に揺《ゆ》るがぬ王者の桜は、見る人を励ましてやまない。

さらに真室川《まむろがわ》町の梅、上山《かみのやま》市や寒河江《さがえ》市、三川《みかわ》町の菜《な》の花、舟形《ふながた》町のこぶし、米沢市《よねざわ》の福寿草《ふくじゅそう》、大石田町《おおいしだ》の水芭蕉《みずばしょう》なども色鮮《いろあざ》やかに咲き薫《かお》る。

山形の爛漫《らんまん》の花回廊《はなかいろう》を、私も急行「べにばな」で、友のもとへ走ったことが懐《なつ》かしい。

山形には会いたい友人が、たくさんいる。何より誠実で、信頼に篤《あつ》く、笑顔が美しい。客人を「あがらっしゃい」と歓待《かんたい》してくれる、あの山形の父母の真心《まごころ》の温かさよ。天晴《てんは》れ、地晴れ、心晴れ、あらゆる「いのち」が輝く宝土《ほうど》が、日本の故郷・山形だ。

文化は「文花《ぶんか》」とも書く。山形は芸術の花も香りも高い。

私が創立した民主音楽協会も交流を結ぶ山形交響楽団は、郷土のため、子どもたちのために、尊《とうと》き演奏会や音楽教室を重ねてこられた。そこには、民衆が生活の中で味わえる音律《おんりつ》があり、青年の魂《たましい》に生きる力を贈る響《ひび》きがある。

「山響《やまきょう》」の実力は、東京公演でも反響を呼び、映画を通し海外にも感動を広げている。地元に根を張って、鍛《きた》え上げた芸術は、本物の光を放《はな》つ。都会発ではない。地域発の人間性光る文化力が、日本と世界の心を打つ時代が来た。

若き日に学んだ、鶴岡《つるおか》出身の高山樗牛《ちょぎゅう》先生の言《げん》が蘇《よみがえ》る。

「自分の立つところを深く掘れ、そこには必ず泉がある」*1

山形新聞は、好評の連載企画「食と農を問う」など、いのちを支《ささ》える現場から、時代を開く指針《ししん》を発信されている。「食は命」「農は宝《たから》」である。

さくらんぼや西洋なしの収穫量、食用菊・蕨《わらび》・たらの芽《め》の生産量も山形が日本一だ。

私と妻が見守る鶴岡の乙女《おとめ》は、父の突然の逝去《せいきょ》で東京から帰郷《ききょう》した。郷土を愛した父の志《こころざし》を継《つ》ぎ、地域の活性化へ行動を開始。NPO法人を設立し、月山湖畔《がっさんこはん》での音楽イベントや、子どもの農山漁村の体験学習などを推進してきた。

女性の発想や青年の活力は、新しき創造の源泉《げんせん》となる。さらに三世代家族の同居率《どうきょりつ》が日本一の山形には、人生の大先輩方の知恵の宝庫《ほうこ》がある。

私たちが招へいした中国最大の青年組織「全青連《ぜんせいれん》」（中華全国青年連合会）の代表団も、山形の農村で交流し、農業への明るい希望を見いだせたと喜ばれていた。


かつて酒田《さかた》市に足跡《そくせき》を留《とど》めた米国の社会運動家ヘレン・ケラーは「私たちが、試練《しれん》を新しい善《ぜん》の力に転化《てんか》することも出来るのです」[*2]と語った。逆境《ぎゃっきょう》から活路《かつろ》を開く。これは山形の負けじ魂《だましい》でもある。

四十年近く前、私に郷土貢献《こうけん》の決意を語ってくれた山形の青年がいる。彼は特別豪雪地帯の舟形《ふながた》町で「利雪《りせつ》（雪の利用）」に取り組んできた。冬の雪を夏に活《い》かす世界初の「雪冷房システム」も開発した。難儀《なんぎ》な雪をクリーンな資源《しげん》として活用する。その大転換は海外からも注目《ちゅうもく》される。

私がお会いした世界の識者方も、山形を愛されている。米国のライシャワー元大使は調和と未来性に富む山形を「もう一つの日本」と讃《たた》えた。タンザニアのムカパ前大統領も山形県を訪れ、民間レベルの青年交流に力を注《そそ》がれた。

父なる蔵王《ざおう》と母なる最上川《もがみがわ》に育《はぐく》まれた山形の心が、世界を明るくする。地図を開けば山形県の形は、笑う人の横顔に見える。それは苦難を乗り越えゆく勝利の笑顔である。

いのち輝く山形から、元気な日本へ、希望の活力よ広がれ！ と、私は願ってやまない。

＊1 『樗牛全集4』博文館。参照
＊2 「私の宗教」岩橋武夫・島史也訳、『ヘレン・ケラー全集』所収、三省堂。現代表記に改めた。

山形は日本の理想郷《アルカディア》

【山形新聞】２０１０年11月29日

希望は、山形から生まれる。

「実り豊かに微笑する大地」*1——英国の作家イザベラ・バードは、山形を高らかに讃《たた》えた。

春夏秋冬、どんな試練《しれん》も耐《た》え抜いて、豊かな一年の実りをもたらしてくれる山形県の方々には、なんと誇《ほこ》り高き勝利の笑顔が輝いていることか。

約三百年前、江戸の大飢饉《だいききん》を救ったのは庄内《しょうない》の米であった。現在も、農作物の宝庫《ほうこ》・山形の食糧自給率《じきゅうりつ》は一三三パーセント（カロリーベース）と最高峰《さいこうほう》だ。

昨今の異常気象や国際情勢にあって、農家の方々は、大変な努力を重ねておられる。

暗い世相の中で、一家にめんごい娘が誕生したように、今年（二〇一〇年）、明るい光を放ったのが、山形産のお米「つや姫」のデビューである。十年の歳月をかけて心血《しんけつ》を注《そそ》がれた尊《とうと》い開発には、私の友人も携《たずさ》わってきた。

そのルーツは、百十年ほど前、庄内町《しょうない》の篤農家《とくのうか》・阿部亀治翁《かめじおう》が苦心の末に生み出した「亀ノ尾」に遡《さかのぼ》る。庶民のためにと研究を続けた阿部翁は、隣県《りんけん》の大凶作（一九〇五年〈明治三十八年〉）に際して惜《お》しみなく種《たね》もみを寄付し、各地からの求めにも無償《むしょう》で譲《ゆず》っていった。この「亀ノ尾」から、「コシヒカリ」や「はえぬき」「ひとめぼれ」など、名だたる新品種が生まれてきたのだ。

南米アルゼンチンの人権の闘士・エスキベル博士は、私との対談でトウモロコシ作りの名人の信念を紹介された。毎年、最良の作物を生み出す秘訣《ひけつ》は何か。それは、ライバルでもある近隣《きんりん》の人々に、快《こころよ》く良質の種を分けることであった。風が運ぶ受粉《じゅふん》によって互いに良い影響を与え合うことが、良き実りの力となるからである。

賢哲《けんてつ》の言《げん》に「人のために火を灯《とも》せば、我が前も明らかなる」とある。他者に尽《つ》くせば、自分の命も色つやを増し、共に未来が明るく広がるという道理だ。

米沢《よねざわ》藩の名君・上杉鷹山公《ようざんこう》が再興《さいこう》した藩校《はんこう》は「興譲館《こうじょうかん》」と命名された。中国の古典『大学』にちなみ、「人を敬《うやま》い、譲《ゆず》り合う心が広ければ、麗《うるわ》しい地域社会となって、国も栄える」という願いが込められている。

それは、美しき「山形の心」そのものではないだろうか。

最上川《もがみがわ》の清流域には、世界一の桜並木をつくる取り組みが進んでいる。山形新聞と山形放送の提唱《ていしょう》で、すでに約四千本の苗木《なえぎ》が植えられた。春には、手植えの桜で、皆が花見を楽しめる。力を合わせ周辺の除草《じょそう》作業を行うことから、地域の連帯も強まっていると伺《うかが》った。

アルゼンチンのエスキベル博士と会談（1995.12　東京）

鶴岡《つるおか》に住む知人も、ボランティアの仲間と、幹線《かんせん》道路に沿《そ》って、真っ赤なサルビアの花を約三万五千本も育てている。

母の如《ごと》く、人を思いやる心から智慧《ちえ》が生まれる――これは、鷹山公《ようざんこう》の教えの一つであった。

三十六年前（一九七四年〈昭和四十九年〉）の九月、私がお邪魔《じゃま》した天童《てんどう》市の果樹農園の御一家は、御主人の急逝《きゅうせい》を乗り越え、夫人が仕事も地域貢献《こうけん》も受け継《つ》いだ。婦人会の会長等として、「行動した分、地域は変わる」と真心を尽《つ》くし、今、地域全体が観光客で賑《にぎ》わい栄えている。「冬は必ず春となる」と微笑《ほほえ》む母は、花盛《はなざか》りの大地のようだ。

「今日、種《たね》を植える勇気を持つ者が、明日、果実を収穫《しゅうかく》する」と、エスキベル博士は語った。勇気が未来を創《つく》る。

平和という字は「平」「禾《のぎ》」「口」から成る。それは、すべての人が等《ひと》しく米（＝禾）を口にできる意義ともとれる。
新しき一年も、愛する「アルカディア（理想郷）」山形に、平和の稲穂《いなほ》よ、
黄金に実れ！　と、私は心から祈りたい。

＊1　イザベラ・バード『日本奥地紀行』高梨健吉訳、平凡社

英雄ナポレオン

【東奥日報】２００８年8月11日

言論人 生む青森の風土

「古き王朝《おうちょう》を終わらせた力は何か？」

「それは新聞であった！」

ナポレオンの洞察《どうさつ》である。

彼は、エジプト遠征《えんせい》の際にも、印刷機《いんさつき》を運び込み、画期的《かっきてき》な日刊紙「エジプト時報」を創刊した。

「ナポレオンにとって、新聞は三十万の軍に匹敵《ひってき》した」とも評される。

それくらい、新聞の力を重視《じゅうし》した。

今回の「大ナポレオン展」（二〇〇八年七月三十日～九月七日、青森県立美術館で）では、ナポレオンの文化への貢献《こうけん》に大きな光が当てられている。これまで、あまり知られてこなかった側面《そくめん》である。

ナポレオンは読書家であった。若き日は、「本屋の書棚《しょだな》に欲しい本を目にするたびに、ため息《いき》をついた。やっと必要な額《がく》が貯《た》まると、子どものように喜んで買いに行った」という。読書こそ、ナポレオンの青春の喜びであり、前進の原動力《げんどうりょく》であった。

近年、青少年の活字離れが憂慮《ゆうりょ》されている。良質の活字文化は、かけがえのない人間性の滋養《じよう》である。断じて死守《ししゅ》していかねばならない。

古来《こらい》、青森県は屹立《きつりつ》した言論人を生んできた。

弘前《ひろさき》市出身の陸羯南《くがかつなん》は、明治の論壇《ろんだん》をリードした。羯南は、民意・民力に基《もと》づく国のあり方を指向《しこう》する「国民主義」を提唱《ていしょう》している。自《みずか》らの信ずる理念を貫《つらぬ》くことこそ「新聞紙の職分《しょくぶん》」であると考え、三十回にも及ぶ政府による発行停止処分にも屈《くっ》しなかった。

さらに、日本草分《くさわ》けの女性ジャーナリストとして健筆《けんぴつ》をふるった羽仁《はに》もと子氏や、ベトナムの戦場報道に従事し、カンボジアで殉職《じゅんしょく》された〝平和のカメラマン〟澤田教一《さわだきょういち》氏にも、青森の風土に育《はぐく》まれた気高《けだか》き魂《たましい》が光っている。

私の師は「信無き言論、煙《けむり》のごとし」と喝破《かっぱ》した。偽装《ぎそう》や捏造《ねつぞう》がはびこる現代にあって、信実《しんじつ》と信頼の言論の城が、いかに重要であるか。

東奥《とうおう》日報社は、本年（二〇〇八年）の十二月、創刊百二十周年を迎えられる。「中興《ちゅうこう》の祖《そ》」と謳《うた》われる第五代の山田金次郎社長は、「大衆の心を我《わ》が心として大衆と共に往《ゆ》くこと」を宣言された。「県民のための県紙」の尊《とうと》き信念の歩《あゆ》みに、深く敬意《けいい》を表したい。

フランスの「行動する作家」アンドレ・マルロー氏と語り合ったことが思い起こされる。

——現代は「決断《けつだん》不在《ふざい》の時代」であり、ナポレオンのような強烈《きょうれつ》な個性をもった指導者は出現し得ないであろう。だからこそ、いよいよ民衆が歴史の前面に躍《おど》り出て、高らかに声をあげゆく時代に入った、と。

なかんずく、聡明《そうめい》な女性の声、母たちの声が、どれほど、人々に希望と勇気を贈りゆくことか。

「不運に『負けない』ことが、立派で高貴《こうき》なことなのです」とは、ナポレオンの母の励ましであった。

ふざけて、足の不自由な祖母の真似《まね》をしたナポレオン少年を、この母が「いつから、そんな卑怯者《ひきょうもの》になったの?」と、したたかにしかりつけた逸話《いつわ》も残っている。

晩年《ばんねん》、ナポレオンは率直《そっちょく》に述懐《じゅっかい》した。

「私は、女性と十分に対話できなかったことを後悔《こうかい》している。女性からは、男たちがあえて私に語ろうとしない多くのことを学ぶことができる」と。

半世紀近く前の厳寒《げんかん》の冬。私は、青森の友人のお母さん方から、炊《た》きたてのおにぎりを列車に差し入れていただいた。その慈母《じぼ》の真心は、今も心に温かい。一番、苦労している世界中の母たちの笑顔が、一番、光り輝く「平和の文化」の時代――。ここに、二十一世紀の目指すべき指標《しひょう》があるのではないだろうか。

人間・宮沢賢治に想うこと

【岩手日報】２００３年８月８日

残した夢、世界に共鳴

「大きな勇気を出してすべてのいきもののほんたうの幸福をさがさなければいけない」*1

岩手の誇《ほこ》る宮沢賢治《けんじ》が逝《ゆ》いて七十年。その叫びを想《おも》い起こすのは、私一人ではあるまい。

彼は教師らしい人間であった。人間らしい詩人であった。詩人らしい文学者であり、科学者であった。そして、真に人間らしい人間であった。三十七年の短い生涯《しょうがい》のなかで、夜空に輝く星々のごとく不滅《ふめつ》の作品を残している。

私が宮沢賢治《けんじ》の文学を本格的に読んだのは、終戦後まもなくであった。賢治に熱中していた友人が、強く勧《すす》めてくれたのである。

生前、作家としては不遇《ふぐう》であった賢治の才能が、岩手日報によっていち早く見いだされ評価されたという歴史も、私の心に印象深く刻《きざ》まれている。

偉大な文学は、偉大な郷土から生まれる。賢治の豊かな文学は、岩手の豊かな精神の大地なくしては育《はぐく》まれなかったであろう。

賢治が願った「本当の幸福」。それは、自分一人のものではなく、遠い別世界にあるのでもない。

自分のいる場所――愛する町や山河《さんが》のある郷土で、自分と他者が一緒に築くものであった。

これこそ、彼が探求《たんきゅう》してやまなかった「法華経《ほけきょう》」の哲学である。

賢治が描いた夢の国「イーハトーブ」も、完全無欠《むけつ》な理想国というより、人々が現実を変革《へんかく》し、幸福を実現してゆく手本の舞台であるように思える。

「グスコーブドリの伝記」では、東北の冷害の歴史を投影《とうえい》するように、飢《き》饉《きん》で家族を奪《うば》われたブドリが主人公である。彼は、再び飢饉の不安が高まった時、苦しんでいる人を放っておけない。そこで、気温を上げるために、身を捨てて火山を噴火《ふんか》させる。一人の勇気がイーハトーブを救うのだ。

賢治《けんじ》は、イーハトーブとは故郷の岩手県であるとも明言《めいげん》している。してみると、美しき岩手の郷土を愛し、民衆を愛し、励まし合って生きる人々がいるところ、いつでも賢治の夢は輝き躍動《やくどう》しているのである。

その賢治の夢は、世界に共鳴《きょうめい》を広げている。私も、アメリカの中国文学研究の第一人者バートン・ワトソン博士などとの対話で、賢治を巡《めぐ》って語り合ってきた。「雨ニモマケズ」に感銘した韓国や中国、インドの方々からも、「こんな日本人がいたのか」等の驚嘆《きょうたん》の声を聞く。

私が創立した創価学園の生徒たちが、ISS（国際宇宙ステーション）とインターネットで結んでの「宇宙授業」に参加した。司会を務《つと》められたのは、宇宙飛行士の毛利衛《もうりまもる》さんである。毛利さんは、最初の宇宙飛行の時、賢治《けんじ》の「生徒諸君に寄せる」をノートに書き写して持っていかれたという。

その一節に、こうある。

「諸君はこの時代に強《し》ひられ率《ひき》ひられて
奴隷《どれい》のやうに忍従《にんじゅう》することを欲するか
むしろ諸君よ　更にあらたな正しい時代をつくれ
宙宇《ちゅうう》は絶えずわれらに依《よ》って変化する」＊2

二十一世紀こそ、賢治の夢を実現しゆく「あらたな正しい時代」をつくりたいものである。

＊1　『【新】校本　宮澤賢治全集12』筑摩書房
＊2　『【新】校本　宮澤賢治全集4』筑摩書房

安喜多《あきた》に光る 日本一の「教育力」

【秋田魁新報】２０１０年11月17日

「冬来たりなば春遠からじ」

この西洋の詩人の名句を、雪の舞う秋田で、友と心に刻《きざ》んだのは、もう三十年ほど前の冬である（一九八二年〈昭和五十七年〉）。

幼き日から夢に見た「かまくら」にも入れていただいた。安らぎと喜びが光るおとぎの世界であった。

昭和の初め、ドイツの建築家ブルーノ・タウトも秋田を訪れ、かまくらで子どもたちから甘酒《あまざけ》をふるまわれた。「美しい日本がここにある」*1と感激したことは、有名だ。

雪かきに雪下ろし……雪国の厳《きび》しさは、雪国の人にしかわかるまい。しかし、その難儀《なんぎ》な雪から、ロマンあふれる「かまくら」を創《つく》り出す、何という智慧《ちえ》よ。雪国の王子・王女たちは、かまくらという手作りの宮殿《きゅうでん》で、人を温かく迎えるホスピタリティー（もてなしの心）を学び、朗《ほが》らかに試練《しれん》から価値を創造する力を育《はぐく》んできたに違いない。

タウトも感嘆《かんたん》したごとく、秋田には、美しき心と高い文化が薫《かお》っている。親しき秋田の友人たちに私は敬意《けいい》を込めて、「安喜多《あきた》」との愛称《あいしょう》を贈った。「安心と喜び多き宝土《ほうど》」との意義である。安心も喜びも、今の日本で一番求められているものであろう。

秋田の尽《つ》きせぬ魅力《みりょく》は、グローバルな目から見た時、一段と輝きを増す。動植物の多様性《たようせい》の宝庫《ほうこ》たるブナ森林の白神山地《しらかみさんち》は、日本で最初に登録《とうろく》された世界自然遺産《いさん》である。

大潟村《おおがた》をはじめ県を横断《おうだん》する北緯《ほくい》四〇度は、西に北京《ペキン》、東にニューヨーク等の世界の大都市と結ばれる。

今月（二〇一〇年十一月）は、にかほ市出身の白瀬矗《しらせのぶ》隊長が南極探検《たんけん》に出航《しゅっこう》して百周年。非難《ひなん》にも屈《くっ》せず「艱難汝《かんなんなんじ》を玉にす」と南緯八〇度五分に到達した。一人の犠牲者《ぎせいしゃ》も出さずに成し遂げた偉業であった。

日本人として国連職員の「第一号」となった元国連事務次長の明石康《あかしやすし》氏は、大館《おおだて》市の出身である。あの「忠犬ハチ公」は、明石氏の母上の実家で生まれた。氏の協力を得て、私たちは、国連本部などで〝核の脅威《きょうい》展〟を開催してきた。中国の格言「十年樹木、百年樹人（十年先を思うならば、木を育てよ。百年先を思うならば、人を育てよ）」を通し、人づくりの重要性も語り合った。

寒冷地《かんれいち》の農業、森林の保全《ほぜん》、鉱物資源《こうぶつしげん》の開発など、秋田の方々が苦労して磨《みが》いてこられた優《すぐ》れた技術は、環《かん》日本海地域の国際協力にも大きく貢献《こうけん》している。水力、地熱、風力発電、氷雪《ひょうせつ》エネルギーなど、秋田はエコも最先端《さいせんたん》である。

秋田の日本一は多い。万葉集《まんようしゅう》にも歌われるじゅんさいや〝畑のキャビア〟と呼ばれるトンブリの収穫量《しゅうかくりょう》、固定コンデンサーの出荷額《しゅっかがく》、重要無形民俗文化財の件数、さらに農村の女性起業数《きぎょうすう》も全国一に躍《おど》り出ている。

なかんずく、小中学生の「学力」「体力」は、ともに日本のトップクラスで、群《ぐん》を抜いている。不登校《ふとうこう》による中学校の長期欠席生徒率も、日本で一番低い。教育者の方々の長年にわたる尽力《じんりょく》と創意工夫《そういくふう》に、最敬礼《さいけいれい》したい。

「学力日本一」に光を当てた秋田魁《さきがけ》新報の特集を、私は感銘《かんめい》深く拝見した。「〝あったかい人間関係〟があるほど、学習効果が上がる」との識者《しきしゃ》の指摘《してき》も、まことに示唆《しさ》に富む。

とくに秋田では、三世代の仲が麗《うるわ》しいと伺《うかが》っている。

大歴史学者のトインビー博士も、私との対談集で、〝三代家族〟こそ、真

イギリスのトインビー博士と対談（1973.5　ロンドン）

の人間らしさを育《はぐく》む理想の環境なりと強調されていた。

秋田の祖父母の世代は、家庭でも、地域でも、貴重な教育力を担《にな》われている。秋田魁《さきがけ》新報社、また県の書店商業組合や図書館の方々などが「読み聞かせ」の推進等、子どもを本好きにする努力を重ねておられることも、大切な学びの場の創出《そうしゅつ》だ。

能代《のしろ》の知人は、秋田杉にちなみ「杉っ子運動」と銘打《めいう》ち、地域の人材を励まし伸ばす対話を広げてきた。

経済をはじめ社会情勢は、北風が吹きすさんでいる。

しかしゲーテは綴《つづ》った。「大なる喜びは、ただ、大なる労苦をもってのみ得られる」[*2]。これは、五城目町《ごじょうめ》出身のドイツ文学者・木村謹治《きんじ》先生の名訳である。

それは、どんなに大変でも、皆に安心と喜びを贈ってくれる秋田の尊《とうと》き母たちの太陽の心に通ずる。

先哲《せんてつ》の言《げん》に「賢者《けんじゃ》は喜び、愚者《ぐしゃ》は退《しりぞ》く」とある。教育の真髄《しんずい》は、いかなる苦難も喜び勇んで勝ち越えゆく賢者《けんじゃ》を育てることであろう。

県花フキノトウは、厳寒《げんかん》を耐《た》えて春を告げる。日本一の「教育力」光る秋田に、二十一世紀の若き賢者たちは伸びやかに育っている。人材の勝利の春は遠からじ、と私は確信してやまない。

＊1 ブルーノ・タウト『日本美の再発見〔増補改訂版〕』篠田英雄訳、岩波書店。参照
＊2 木村謹治『ゲーテ』弘文堂書房。現代表記に改めた。

福島の未来に輝く「うつくしま」5つのキーワード

【福島民報】2010年10月20日、27日　11月3日、10日、17日

「美しい心」母の恩こそ人類の宝

「うつくしま」――私の大好きな福島県の美称《びしょう》である。

この五文字の響《ひび》きに、郷土への溢《あふ》れる愛着《あいちゃく》と誇《ほこ》りを感ずるのは、私一人ではないだろう。

この機会をお借りし、福島の未来へ私なりにエールを贈らせていただきたい。

「うつくしい心」
「つなぐ心」
「くじけない心」
「しぜんを愛する心」
「まっすぐな心」

最初の一文字を結ぶと、「うつくしま」となる。五つのキーワードに思いを託《たく》して——。

最初の「う」は「美しい心」である。

私も幾度《いくど》となく訪れ、友と出会いを結んだ福島の宝土《ほうど》は、人びとの清らかな心を明鏡《めいきょう》の如《ごと》く映《うつ》し出して清々《すがすが》しい。とくに、いずこにも、人々の幸福に尽《つ》くしゆく女性たちの「美しい心」が輝いている。

「日本のナイチンゲール」と呼ばれた瓜生岩子《うりゅういわこ》は、戊辰《ぼしん》戦争の際、自《みずか》らの危険を顧《かえり》みず、両軍の負傷者《ふしょうしゃ》を助けた。「誰の許可を得たのか」と詰《つ》め寄る隊長に、「誰の許可もいらぬ」と戦場を敵味方《てきみかた》なく看護《かんご》に走った。

ハンセン病患者と地域医療に尽《つ》くした医師・服部《はっとり》ケサは、自《みずか》らも心臓病を患《わずら》いながら、枕元《まくらもと》に提灯《ちょうちん》と聴診器《ちょうしんき》を置き、真夜中も往診《おうしん》に駆《か》けた。

いわき市に住む、私と妻の知人に、母子寡婦《かふ》福祉会の役員として貢献《こうけん》の人生を歩む女性がいる。夫亡《な》きあと、その事業を支《ささ》え、幾多《いくた》の苦難を見事に勝ち越えた母は朗《ほが》らかに語っていた。

「人に尽《つ》くすなかに真の幸福があります」

環境問題にいち早く警鐘《けいしょう》を鳴らしたローマクラブの創立者ペッチェイ博士は、憂慮《ゆうりょ》されていた。「人類は心を汚染《おせん》されています」と。

この暗雲《あんうん》を打ち払い、蘇《よみがえ》らせる光は何か。

それは、母たちの「太陽の心」ではないだろうか。

「地球的に考え、地域から行動する（シンク・グローバリー、アクト・ローカリー）」

とは、ロータリークラブが発信したメッセージである。

福島県では、「地域コミュニティーの再生」「子育てしやすい環境づくり」「環境問題への対応」などを柱に掲げて、地域力の向上を目指しておられる。なかでも「大人が変われば、子どもも変わる運動」に深い共感を覚える。

変わるための一歩は、「生命の尊厳《そんげん》」という母の哲学に学ぶことだ。

私も、長兄の戦死の報《しら》せに慟哭《どうこく》した母の後ろ姿《すがた》が、平和への対話の原点となっている。

母を思えば、人は強くなれる。心を正せる。

今、「古代エジプト　神秘《しんぴ》のミイラ展」（二〇一〇年十月、福島民報社ほか主催）が県立美術館で反響を広げていると伺《うかが》った。エジプト文明の宝物《ほうもつ》に留《とど》められた言葉にも、「汝《なんじ》は汝のために母がなせしことを忘るべからず」*1とある。母の恩《おん》こそ、人類共通の宝《たから》だ。

母に最敬礼《さいけいれい》する「美しい心」――そこから、平和の文化は生まれる。
仏典《ぶってん》には「一日に二、三度、母に笑顔を見せてあげよ」と説かれる。
母を大切に！　この心が広がる福島が、美しき「福徳《ふくとく》の島」として、
二十一世紀に希望を贈られゆくことを、私は確信してやまない。

「つなぐ心」
互いの生命 尊び学ぶ

福島県の形はオーストラリア大陸に似《に》ている。面積も日本屈指《くっし》の広さだ。
私の近しい福島の友たちは、大らかで心が開かれている。
「うつくしま」の「つ」にちなみ、福島に光る「つなぐ心」に学びたい。
この十一月（二〇一〇年）、いわき市で欧州《おうしゅう》ウクライナの誇る国立歌劇場の

オペラ「アイーダ」が上演されると伺《うかが》った（福島民報社など主催）。

ウクライナといえば、駐日大使《ちゅうにちたいし》を務《つと》められたコステンコご夫妻は、東京でのお住まいが同じ町内であり、親しい〝ご近所づきあい〟をさせていただいた。

日本全国を回られた大使が格別に深い感動を語っておられたのは、福島県の「相馬野馬追《そうまのまおい》」である。

勇壮《ゆうそう》な騎馬武者《きばむしゃ》の英姿《えいし》に母国のコサック騎兵《きへい》を重ねられたのであろう。熟練者《じゅくれんしゃ》から子どもまで伝統を受け継《つ》ぐ様《さま》に感じ入り、将来、ウクライナの若者も参加させたいと夢を語られた。

「つながり」の発見は、心の距離を消滅《しょうめつ》させる。

ウクライナも、福島と同じく交通の要衝《ようしょう》だ。ロシアや中東と接する通商の十字路であり、戦乱の舞台ともなった。しかし、「訪れた諸民族が少しずつ自分たちの面白いところを置いていったのです」と大使は笑う。苦難を勝ち越えた寛容《かんよう》の心は、逞《たくま》しく朗《ほが》らかである。

福島も古来《こらい》、人々が行き交《か》う天地だ。奥州《おうしゅう》と関東をつなぐ白河《しらかわ》や勿来《なこそ》の関《せき》は、『枕草子《まくらのそうし》』にも登場する。「会津《あいづ》」の名の由来《ゆらい》に「出会い」の逸話《いつわ》ありと聞く。活発な人間性の往来《おうらい》あるところ、創造性の泉《いずみ》が湧《わ》く。

私が創立した創価大学も会津坂下《ばんげ》町との共同で、往時《おうじ》の繁栄《はんえい》を偲《しの》ばせる古《こ》墳《ふん》から、県の重要文化財である銅鏡《どうきょう》などを発掘《はっくつ》した。千年の歴史薫《かお》る野馬追《のまおい》や三春《みはる》の張子《はりこ》人形、愛らしい赤べコなど、「浜通り」と「中通り」と「会津」の三地域には、多彩《たさい》にして豊かな文化が花開いてきた。

ウクライナの教育大臣を務《つと》められた、人工頭脳学《ずのうがく》の大家《たいか》であるズグロフスキー博士は私に力説された。

「異なる文化と接触《せっしょく》し、交流を持つということは、自分の文化にも相手の文化にも新しい変化をもたらすことを意味します」

人間も文明も孤立《こりつ》すれば光を失う。積極果敢《かかん》に語り合うことだ。そこに自《じ》他共《たとも》に前進の活力がみなぎる。「つなぐ心」は、互いの生命への「尊敬の心」であり、共に「学ぶ心」でもある。

「鏡に向かって礼拝《らいはい》を成す時、浮《う》かべる影また我を礼拝するなり」とは、賢哲《けんてつ》の至言《しげん》である。

情報化社会にあって、桃《もも》や胡瓜《きゅうり》、福島牛、地鶏、ヒラメなど「ふくしまの恵《めぐ》み」の魅力《みりょく》は、海外へも生き生きと発信されている。

県北で桃を栽培する私の知人は、原産地への敬意《けいい》を込め、中国の小学校への図書贈呈なども行ってきた。

福島は東北と首都圏はもちろん、日本と世界を結ぶ要衝《ようしょう》として、いよいよ輝きを増してゆくに違いない。心広々と、様々な差異《さい》を超《こ》え、若き世代のために、今と未来をつなぎながら！

「くじけない心」試練や失敗を滋養に

胸を張って誇《ほこ》れる郷土の偉人がいることは、なんと幸せか。私が語り合った多くの世界の識者《しきしゃ》も敬愛《けいあい》を寄せる日本の先人《せんじん》——それは、福島県の生んだ大医学者・野口英世《のぐちひでよ》博士である。

アフリカはもとより中南米の諸国でも、博士の貢献《こうけん》への感謝は、今なお深い。

博士は故郷の猪苗代《いなわしろ》町から旅立つ際、家の柱に「志《こころざし》を得ざれば再び此地《このち》を踏《ふ》まず」と刻《きざ》んだ。母への報恩《ほうおん》を胸に、世界へ雄飛《ゆうひ》し、人々を苦しめる難病に挑《いど》み、命を賭《と》して研究を続けた。

「うつくしま」の真ん中に燃えるのは、「くじけない心」ではあるまいか。

最も厳《きび》しい苦難を勝ち越えた天地から最も強靱《きょうじん》な人材が躍《おど》り出る。これは戦時中、投獄《とうごく》にも屈《くっ》せず、軍国主義と戦い抜いた私の恩師《おんし》の歴史観、人物観であった。その師が逸材《いつざい》の揺籃《ようらん》と讃《たた》えたのが福島県である。

あの戊辰《ぼしん》戦争の悲劇に苦しみ抜いた福島からは、島国・日本のスケールを超《こ》えた大人物が陸続《りくぞく》と登場している。二本松《にほんまつ》市出身の世界的な歴史学者の朝河貫一《あさかわかんいち》博士も、その一人だ。

博士は、苦学の友へ「境遇《きょうぐう》をかこつ（＝嘆く）を止《や》めよ」「人は境遇に支配せらるゝ如《ごと》き弱きものにあらず[*2]」と綴《つづ》った。人間は逆境《ぎゃっきょう》に勝つために生まれてきたとの叫びが伝わってくる。

福島の県花は、国の天然記念物にも指定される「ネモトシャクナゲ」である。吾妻山《あづまやま》などの高地で厳《きび》しい風雪に耐《た》え、白や淡紅色《たんこうしょく》の八重《やえ》咲《ざ》きの花を咲かせる。

忍耐《にんたい》の大地に根を張って咲く花は凛《りん》と美しい。負けない心は、試練《しれん》も失敗も次の勝利への滋養《じよう》に変える。

白河市《しらかわ》にある鉄道会社の研修所では「事故の歴史展示館」を設置《せっち》されていると伺《うかが》った。過去の失敗を模擬《もぎ》体験し、未来の成功へと生かす創造的な試《こころ》みである。

英雄ナポレオンのリーダーとしての第一の資質は何であったか。末裔《まつえい》のナポレオン家の当主シャルル公と一致した結論は「決して落胆《らくたん》しないこと」、つまり「くじけない心」であった。

この六月（二〇一〇年）、小惑星探査機《しょうわくせいたんさき》「はやぶさ」が、六十億キロもの宇宙の旅から奇跡《きせき》の帰還《きかん》を果たした。幾度も絶望的な危機《きき》を克服《こくふく》して、人類の初挑戦を成し遂げた。

私の知るいわき市の青年も、ＪＡＸＡ（宇宙航空研究開発機構）の共同研究員

フランスのシャルル・ナポレオン公と会見（2006.5　東京）

として、この大プロジェクトに参加した。彼自身の青春も苦闘《くとう》の連続であった。だが「使命と決めれば、必ず道は開ける」との父母の励ましを力に邁進《まいしん》した。

人のため、社会のため、大目的に勇《いさ》みゆく旅にはくじけぬ強さがついてくる。人生最大の愉快《ゆかい》は「貧苦《ひんく》の好友《こうゆう》となりて彼等を救ふに在り」[*3]と宣言したのは、野口英世《のぐちひでよ》博士である。

今夏（二〇一〇年）の高温障害による農作物への打撃《だげき》も大きい。しかし、福島の農家のわが友人たちは、明日の農業のため一歩も退《ひ》かぬと、地域の仲間を励まし、不屈《ふくつ》の努力を貫《つらぬ》いている。「くじけない心」が燃える郷土の英雄に、私は最敬礼《さいけいれい》したい。

「自然を愛する心」
未来を輝かせる一歩

〽会津《あいづ》磐梯山《ばんだいさん》は　宝《たから》の山よ　笹に黄金《こがね》が　なりさがる

数ある民謡《みんよう》の中でも、「うつくしま」の讃歌《さんか》は、なんと明るく誇《ほこ》らかに、日本人の琴線《きんせん》に響《ひび》くことか。

身近すぎて気づかない宝がある。ふるさとの美しき自然こそ、宝の中の宝だ。それは地球からの贈り物といってよい。幾多《いくた》の先人《せんじん》が尊《とうと》び伝えてくれた遺産《いさん》である。ゆえに厳然《げんぜん》と守り、未来へ残しゆく財宝《ざいほう》であろう。自然の宝を大切に磨《みが》けば、心も黄金に磨かれる。

「うつくしま」には壮麗《そうれい》な自然と、その「自然を愛する心」という宝がある。

私は「磐梯山緑化の父《ばんだいさんりょっか》」の戦いが偲《しの》ばれてならない。一八八八年（明治二十一年）、磐梯山の大噴火《だいふんか》によって、多くの森林が失われた。この時、会津《あいづ》若松《わかまつ》出身の遠藤現夢翁《げんむおう》は、荒野《こうや》の再生のために、私財《しざい》を投じて十万本もの植林を行ったのだ。

大災害を転じて緑を蘇《よみがえ》らせていった無私《むし》の志《こころざし》は、今日までもボランティアの方々に受け継《つ》がれている。

一滴《いってき》の露《つゆ》も大河に注《そそ》がれれば、悠久《ゆうきゅう》の流れとなる。郷土のために汗を流す尊《とうと》き人生も、故郷の大自然と一体になって、不滅《ふめつ》の命を帯《お》びるのではあるまいか。

磐梯朝日国立公園の指定から六十年――。福島民報の記念の連載で取り上げられているように、その美景《びけい》には奥深い輝きがある。まさに、天と地と人が融合《ゆうごう》して放つ光彩《こうさい》といえよう。

今年（二〇一〇年）は国連の「国際生物多様性年《たようせいねん》」である。生きとし生けるものは、互いにつながり支《ささ》え合っている。その自覚を深めて、かけがえのない生命の連関を、人類全体で守っていきたい。

「うつくしま」の名所・尾瀬《おぜ》は、生命の多様性の宝庫《ほうこ》である。尾瀬には約二千種の生物が生存し、植物も日本全体の一割強が生育していると伺《うかが》った。

私の友人にも、玄関口の檜枝岐《ひのえまた》村に住み、名ガイドとして尾瀬の案内に当たりつつ、徹《てっ》して清掃を続ける自然の「護《まも》り人」がいる。

「戦う相手は〝人間の生命に巣《す》くう醜《みにく》さ〟。だから戦い続ける」とゴミを拾《ひろ》う。

環境保全《ほぜん》の粘《ねば》り強い努力も、循環《じゅんかん》型社会への創意《そうい》も、福島は世界の模範《もはん》である。マータイ博士（アフリカの環境の母）も、市井《しせい》に根づく福島の「もったいない」精神に励まされた一人だ。

博士は呼びかける。

今、あなたを支《ささ》える木は先人《せんじん》が植えたものだ。私たちは将来の地域の人々のために木を植えよう——と。

自然を愛する心は、人類の使命のバトンを、感謝を込めて受け継《つ》ぐ心である。

「過去の因《いん》を知らんと欲《ほっ》せば其《そ》の現在の果《か》を見よ　未来の果を知らんと欲せば其の現在の因を見よ」と、仏典《ぶってん》には説かれる。

今日も朗《ほが》らかに、「うつくしま」の宝《たから》の山を心に仰《あお》ぎ、未来の地球を輝かせゆく一歩を踏《ふ》み出したい。

「まっすぐな心」難局を乗り切る力に

「日に日に新《あら》たに、また日に日に新たなり」

会津《あいづ》の藩校《はんこう》「日新館《にっしんかん》」の校名の由来《ゆらい》となった、中国の古典（『大学』）の一節である。

私たちの「創価教育」の創始者《そうししゃ》である牧口常三郎《つねさぶろう》先生も座右《ざゆう》の銘《めい》としていた。戦時中、軍部政府と戦い、七十三歳で獄死《ごくし》された先師《せんし》は、誠実な福島の友に深く信頼を寄せていた。郡山《こおりやま》へも足を運んでいる。

「うつくしま」の根っこには、信念を貫《つらぬ》き、「日に日に新《あら》たに」前進しゆく「まっすぐな心」がある。

郡山に、私も見守ってきた盛年のリーダーがいる。県内のメーカーで働く彼はある時、重大なクレームの解決責任者に任《にん》じられた。先方の要求、職人との間で板挟《いたばさ》みに。彼は腹を決めた。「すぐにヒビが入るような関係ではなく、信念が響《ひび》き合う強い信頼を築こう」

真剣な一念が職人の心を動かし、内外に協力者を生んで、難局を乗り切った。

自分が強くなる。周《まわ》りのせいにしない。問題から逃《に》げない。「まっすぐな心」こそ、活路《かつろ》を開く力だ。

白河藩《しらかわはん》の名君・松平定信公《まつだいらさだのぶ》は、二十代で藩主《はんしゅ》となるや、天明《てんめい》の大飢饉《ききん》に直面した。「私を見本とせよ」と指揮《しき》を執《と》り、餓死者《がししゃ》を出さなかったという。〝国づくりは人づくりから〟と江戸幕府の「寛政《かんせい》の改革」にも取り組んだ。「ただ一つの誠《まこと》をもってこそ、大空をも動かすことができるだろう」[*4]との信念は、私たちの胸に迫《せま》る。

児童文学の傑作《けっさく》として名高い『小公子』『小公女』を初めて日本語に翻訳《ほんやく》したのは、会津若松《あいづわかまつ》出身の若松賤子《わかまつしずこ》さんである。その序文で、素直に育ちゆく若き心を、ねじ曲《ま》げ、踏《ふ》みにじろうとする、心なき大人社会に鋭く警鐘《けいしょう》を鳴《な》らした。

まっすぐに伸びる麻《あさ》の畑では、茎《くき》が曲がりやすい蓬《よもぎ》もまっすぐ育つ。仏典《ぶってん》に説かれる教育力の譬《たと》えだ。

池田名誉会長夫妻（1995.6　福島）

福島には、青少年の生命を育《はぐく》む理想の環境がある。福島大学、会津《あいづ》大学、東日本国際大学など、各大学で留学生の受け入れも活発に行われていると伺《うかが》った。

私の創立した創価中学の修学旅行も、天栄《てんえい》村のブリティッシュヒルズでの語学研修や、猪苗代《いなわしろ》町での田植えの実習など、福島で有意義《ゆういぎ》に行わせていただいている。

十四年前（一九九六年）、中米のスイスと讃《たた》えられる平和の先進国コスタリカで、核廃絶《かくはいぜつ》を訴える展示会を開催した。

大統領も出席された厳粛《げんしゅく》なオープニング。子どもたちの遊び回る声が騒々《そうぞう》しく響《ひび》いていた。壁《かべ》一つ隣《とな》りが「子ども博物館」だったのである。私は申し上げた。

「賑《にぎ》やかで活気に満ちたこの子たちの声に、原爆を抑《おさ》える力があります！」

福島は「東洋のスイス」というべき平和の郷《さと》であり、人を創《つく》る教育の都《みやこ》である。

「うつくしい心」

「つなぐ心」

「くじけない心」

「しぜんを愛する心」

「まっすぐな心」

このうつくしまの心を、世界の青年に伝えたいと、私は強く願う一人である。

＊1　L・コットレル『古代エジプト人』酒井傳六訳、法政大学出版局

＊2　朝河貫一書簡編集委員会編『朝河貫一書簡集』早稲田大学出版部

＊3　丹実編『野口英世 2 書簡』講談社

＊4　西尾実・松平定光校訂『花月草紙』岩波文庫。参照。

青年の交流を
――日中国交正常化三十周年に寄せて

【東奥日報】２００２年５月10日、14日

一衣帯水《いちいたいすい》の絆《きずな》

「天の配剤《はいざい》というべきか、人間は、両親を選択できないように、隣国《りんごく》を勝手に選ぶわけにはいきません。隣同士は仲良くしなければならないというのは、人間の知恵です」

ゴルバチョフ元ソ連大統領が私に語られた、忘れ得ぬ言葉である。

十二年前（一九九〇年）の夏、日ソ両国の関係が緊張《きんちょう》する中、クレムリンでの最初の出会いであった。

語らいでは、目先の外交の軋轢《あつれき》を離れて、〝お隣《となり》さん〟としての数万年の交流を振り返った。すなわち、東北・北海道を中心とする日本列島と、ユーラシア大陸との壮大《そうだい》な人間の往来《おうらい》である。その悠久《ゆうきゅう》の縁《えにし》を思えば、お互いに協調して友好の道を開くことは、まさに必然の進路ではないか。ソ連の国家元首として史上初の訪日が、劇的《げきてき》に表明されたのも、この席上であった。

今、北東アジアの古《いにしえ》の「交流の道」の一つが、歴史の大地から蘇《よみがえ》りつつある。それは、東奥《とうおう》日報社が音頭《おんど》をとり、青森の教育委員会、中国社会科学院の考古研究所と協力して進められている、内《うち》モンゴル自治区の「興隆溝遺跡《こうりゅうこういせき》」の共同研究である。

約七千五百年前のこの遺跡から、青森市の三内丸山《さんないまるやま》遺跡に代表される北日本の縄文《じょうもん》文化とのさまざまな共通性が浮かび上がっている。昨年（二〇〇一年）の調査では、類似《るいじ》する住居跡《じゅうきょあと》などのほか、三内丸山遺跡の出土品と色も形もよく似《に》た〝緑色の耳飾り〟が発見された。緑は若葉の色、生命の色、平和の色だ。その緑色へのあこがれが、日本海をはさんで共有されてきた……。小さな装飾品《そうしょくひん》から、大きなロマンの物語が幾重《いくえ》にも広がる。

私の創立した創価大学でも、シルクロード学術調査団が中央アジアの遺跡《いせき》の発掘《はっくつ》を行ったことがある。過去への探求は、未来へのビジョンを大きく開く。

今再び、環《かん》日本海地域、そして北東アジアは、多彩《たさい》なる人間の交流の大道《だいどう》として、クローズアップされている。

この五月十日（二〇〇二年）には、東奥《とうおう》日報社の呼びかけにより、日本海沿《えん》岸《がん》の新聞社十社、十一府県の知事の方々が一堂《いちどう》に会し、「北東アジア交流海道二〇〇〇キロ」のシンポジウムが開催される。

希望の未来を開く、実り多い成果を心より祈りたい。

創価学会の初代会長・牧口常三郎《つねさぶろう》は、教育者であり、地理学者でもあった。

中国の周恩来総理と会見（1974.12　北京）

二十世紀の初頭、文豪・魯迅《ろじん》も学んだ弘文《こうぶん》学院で、中国人留学生に地理を教えた。その授業に感銘《かんめい》した教え子たちは、牧口の『人生地理学』の中国語訳を出版している。

この書では、日本海を「花綵内海《かさいないかい》」（花《はな》づなのように島々が連《つら》なる内海）と呼び、「将来の文明の中心」と予見した。

さらに、文明の中心地は、時とともに北へ移る傾向が見られるという「北《ほく》漸論《ぜんろん》」を展開している。そして、世界は、軍事的、政治的、経済的競争から「人道的競争《じんどうてききょうそう》」の時代に進むと、展望《てんぼう》していたのである。

不幸にも、日本海を擁《よう》する近代の北東アジアは、戦乱と分断《ぶんだん》の悲劇《ひげき》を刻《きざ》んでしまった。ここに平和と繁栄の道を創《つく》ることは、世界の安寧《あんねい》のためにも絶対に不可欠《ふかけつ》である。その不変の機軸《きじく》こそ、日中関係にほかならない。

一九六八年（昭和四十三年）の九月八日、私は、一万数千人の学生を前に、「日中国交正常化」を訴える提言《ていげん》を行った。当時は、中国が国際的に孤立《こりつ》していた時代であり、私は激しい非難も浴《あ》びた。しかし、「アジアの平和の礎《いしずえ》は日中友好にある」とは、私の不動《ふどう》の信念であった。

その後の歴史の推移《すいい》は「一衣帯水《いちいたいすい》」の両国関係の重要性を証明して、あまりある。早いもので、本年（二〇〇二年）は「国交正常化三十周年」の佳節《かせつ》を迎える。

この「一衣帯水」という言葉は、川や海峡《かいきょう》を、着物の帯《おび》に譬《たと》えたものであり、境界《きょうかい》に対する発想の転換を促《うなが》す表現である。

つまり、日本海の荒波さえも「人と人を隔《へだ》てる障壁《しょうへき》」ではなく、「人と人を結ぶ大道《だいどう》」としゆく、勇敢《ゆうかん》で開かれた精神といってよい。これこそ、万代《ばんだい》友好への英知《えいち》の源泉《げんせん》ではないだろうか。

「道はすべて人が歩《あゆ》んで造り出すものであり、歩む人があれば道はできるのである」[*1]。四度の語らいを重ねた、現代中国を代表する作家の巴金《ぱきん》先生の一節である。

二十一世紀の友情の道は、活発な人間の対話と協力によって開かれる。ボーダーレス（国境のない）時代にあって、その主体は、もはや国家ではあるまい。それは、むしろ地域のレベルであり、民間のレベルであろう。

そして、その希望のモデルは、本州の「頭」の存在たる青森から光り始めている。

＊1　『巴金　無題集』石上韶訳、筑摩書房

永遠なれ！　金の橋

「人民こそ皇帝《こうてい》」「民衆こそ帝王《ていおう》なり」

中国民主革命の父・孫文《そんぶん》の叫びである。

創価大学は、ゆかりの中山《ちゅうざん》大学との共催《きょうさい》で「孫中山（孫文）と世界平和」をテーマに、国際学術シンポジウムを行ってきた。

この孫文が〝アジアの先覚《せんかく》〟と讃《たた》え、最大に信頼してやまなかった日本人兄弟がいた。東奥《とうおう》義塾《ぎじゅく》に学んだ、信念の〝津軽《つがる》じょっぱり〟山田良政《よしまさ》・純三郎《じゅんざぶろう》兄弟である。

留学生・魯迅《ろじん》青年と仙台の教育者・藤野先生の師弟愛とともに、この孫文と青森の山田兄弟の同志愛もまた、日中友好の歴史に、永遠に語り継《つ》がれていくに違いない。

そうした信義《しんぎ》と大誠実に貫《つらぬ》かれた友情の劇を、二十一世紀にも、断じて綴《つづ》り残していきたいものだ。

中国のスケールは大きい。全青連《ぜんせいれん》（中華全国青年連合会）は、日本の人口の約三倍、三億七千万人の青年の連帯である。

責任の重さが人を鍛《きた》えるのか、使命の大きさが人を伸ばすのか——。

希望に燃えた青春の大使たる全青連の方々とは、幾度《いくど》もお会いしてきた。

この五月十二日（二〇〇二年）にも、代表の訪日団を東京でお迎えした。

「情熱を社会に捧《ささ》げよう！　真心で人々の心を暖めよう！」とのモットーそのままに、二十一世紀の大中国を担《にな》い立つ清新《せいしん》な息吹《いぶき》が躍動《やくどう》していた。

全青連の歴史は古い。設立は、新中国誕生に先立つ、一九四九年五月のことである。

この時、祝福にかけつけた周恩来《しゅうおんらい》総理は、全青連の最大の役割は「ともに学び、ともに向上し、ともに前進することである」と激励した。〝青年の団結こそ社会の基盤《きばん》〟との遠望《えんぼう》に、指導者の慧眼《けいがん》を感ずる。

周《しゅう》総理が三十歳若い私に託《たく》されたのも、両国の「世々代々《せせだいだい》にわたる友好」であった。創価大学に、新中国からの留学生六人を日本の大学として初めてお迎えしたのは、総理との会見の翌年（一九七五年）である。青年交流や女性交流、教育交流の流れは、尽《つ》きることがない。

一九八五年（昭和六十年）三月、全青連《ぜんせいれん》の一行が創価学会青年部との交流議定書の調印《ちょういん》のために来日した折、私は東京を離れていたが、急遽《きゅうきょ》、帰京し、一行を熱烈《ねつれつ》に歓迎《かんげい》した。

若き四十二歳の英邁《えいまい》な団長は、私の手を固く握りしめ、「中日両国の青年のために、また中日の美しい将来のために、さらに努力していきたい」と語られた。

この団長こそ、のちに国家副主席に選出され、中国新世代のリーダーとして、全世界の注目を集めた胡錦濤《こきんとう》氏であった（二〇〇三年～一三年、国家主席）。

その就任の翌月（一九九八年四月）、来日された胡《こ》副主席と、十三年ぶりに感《かん》銘《めい》深い再会を果《は》たした。おのずと話題は未来へ移った。

先人《せんじん》が築き上げた基盤を踏《ふ》まえて、どうすれば、中日関係を、より全面的に、より深く、より良く発展させていけるか——副主席は、後継者の育成の重要性を力説された。

私は、これまでお会いした周恩来《しゅうおんらい》総理、鄧小平《とうしょうへい》副総理、江沢民《こうたくみん》主席と、三世代の指導者が、等《ひと》しく青年を重視《じゅうし》されていたことを確認しつつ、こう申し上げた。

「青年の交流。これを絶対に続けていきたい。政治は変化します。経済にも浮《う》き沈《しず》みがあります。友好に永続性《えいぞくせい》をもたらすのは、青年交流であり、民衆交流です」

副主席も、満面の笑みで頷《うなず》いておられた。

中国の胡錦濤国家主席と会見（2008.5　東京）

青年こそ、社会の希望である。海図《かいず》なき時代を照《て》らす〝灯台《とうだい》〟である。

かつて、青森を訪れた折、地元の方に、各県の謂《いわ》れをお聞きしたことがあった。

現在の青森市本町のあたりに、木々が青々と生《お》い茂る小高い森があった。その場所が、漁船が帰港《きこう》する際の目印《めじるし》として「青森」と呼ばれていたことに由来《ゆらい》する、と。瑞々《みずみず》しい生命力に満ち満ちた、素晴らしい名前である。

青森の五月といえば、世界自然遺産の白神山地《しらかみさんち》をはじめ、眩《まばゆ》きブナの新緑は皆のあこがれである。そのブナの再生のため、幼樹《ようじゅ》を移植するなどの労作業が進められていると伺《うかが》った。この世界遺産を擁《よう》する西目屋《にしめや》村で活躍する、わが同志の地域に、私は「世界地区」との愛称《あいしょう》を贈らせていただいたことがある。

このブナ再生の事業を紹介した東奥《とうおう》日報の記事に、「百年後、二百年後をにらんだ息《いき》の長い活動になる」という胸に響《ひび》く一節があった。日中友好の金の橋もまた、百年、二百年という長い単位で見てこそ、真価《しんか》がわかるのではないか。

万代《ばんだい》にわたる平和と栄光の「青年の森」を築きゆくために、今こそ、人間教育、そして人間交流の確かな哲学とビジョンが求められていると思うのは、私一人ではあるまい。

詩

―うた―

―青森―

『新・人間革命』第25巻「福光《ふっこう》」の章より

*初出は「聖教新聞」2011年9月1日

春を告《つ》げよう!
新生《しんせい》の春を告げよう!
厳寒《げんかん》の冬に耐《た》え、
凍《い》てた大地《だいち》を突《つ》き破《やぶ》り、
希望の若芽《わかめ》が、
さっそうと萌《も》えいずる春を告げよう!
梅花《ばいか》は馥郁《ふくいく》と安穏《あんのん》の園《その》を包《つつ》み、

桜花《おうか》は爛漫《らんまん》と幸《さち》の歓《よろこ》びを舞《ま》う、
民衆《みんしゅう》の凱歌《がいか》轟《とどろ》く、勝利の春を告げよう！

踏《ふ》まれても、踏まれても、
われらは負《ま》けない。
どんなに、どんなに、
激《はげ》しい試練《しれん》に打《う》ちのめされても、
頭《こうべ》を上げて、われらは進む。
前へ、前へ、ただ、ただ、前へ！
怒濤《どとう》がなんだ！　大風《おおかぜ》がなんだ！

われらには、

不撓不屈《ふとうふくつ》の「みちのく魂《だましい》」がある。
わが胸中《きょうちゅう》には、
地涌《じゆ》の菩薩《ぼさつ》の闘魂《とうこん》が燃《も》え、
仏《ほとけ》の慈悲《じひ》の大生命《だいせいめい》が、
金色燦然《こんじきさんぜん》と輝《かがや》いている。

われらには、
この世《よ》で果《は》たさねばならぬ
久遠《くおん》の大使命《だいしめい》がある。
万人《ばんにん》の幸福《こうふく》と社会《しゃかい》の繁栄《はんえい》を築《きず》く、
創価《そうか》の師弟《してい》の大願《だいがん》がある。

君《きみ》よ！
「悲哀《ひあい》」を「勇気《ゆうき》」に変えるのだ。
「宿命《しゅくめい》」を「使命」に転《てん》ずるのだ。
暁闇《ぎょうあん》を破《やぶ》り、
わが生命《せいめい》に旭日《きょくじつ》を昇《のぼ》らせゆくのだ！
「みちのく」に春を告《つ》げる
新生《しんせい》の太陽となって躍《おど》り出《で》るのだ！

懐かしい東北の友に贈る

みちのくの幸《さち》の光彩《こうさい》

（『池田大作全集』第42巻所収。抜粋）

それは忘れえぬ
決して忘れることのできぬ
私の胸中《きょうちゅう》の歴史の一コマであった

昭和五十七年一月十日——
空港から会館への車中の道は大雪
秋田の銀世界を行く私の目に
寒風《かんぷう》の中　笑《え》みをたたえながら
肩《かた》を寄せあって立つ

路傍《ろぼう》の一群《いちぐん》の人たちが飛びこんできた
壮年がいる　婦人がいる
白髪の人もみえた
つぶらな瞳《ひとみ》の王子　王女もいた
〝うちの人たちだ〟
私は急いで車を降《お》りた
磁石《じしゃく》と磁石が引きあうように
その輪の一員となった
喜びでいっぱいの顔　顔　顔

—秋田—

一人一人と固い握手《あくしゅ》をした
共に記念のカメラに納《おさ》まった

行く先々の
あの街角《まちかど》にも　この辻々《つじつじ》にも
十余年ぶりの
私との再会を待っていて下さった
三々五々　集《つど》い来た
あなたたちの輝《かがや》く瞳《ひとみ》が待っていた
雪の中の九度に及んだ
あの感動の街頭座談会
私は嬉《うれ》しかった　心で泣いた
あなたたちの誠実の熱き心は
いかなる厳寒《げんかん》も寒風《かんぷう》も冷《さ》ますことを得ず
その表情は

輝《かがや》く銀世界よりもキラキラと
まばゆくきらめいていた

（中略）

ああ――

昭和二十九年四月二十五日　早朝
私は恩師《おんし》と共に　また同志《どうし》と共に
天下の青葉城址《じょうし》に登った
同行せる青年約六十人
苔《こけ》むす巨大な石垣《いしがき》群
鬱蒼《うっそう》と茂った松木立《こだち》
一望に見晴らす仙台市街
恩師は万感《ばんかん》こめて語った
「創価学会は人材をもって
　城を築いていこう」と
その遺言《ゆいごん》にも似《に》た響《ひび》きは
私の耳に　今もせつせつと残っている

それから七年後
法城《ほうじょう》の落成《らくせい》に仙台を訪《おとず》れた私は
懐《なつ》かしい青葉城址に立った
耳朶《じだ》に谺《こだま》す恩師の叫び
私は詠《よ》んだ
「人材の城を築けと決意ます
　恩師の去りし青葉に立つれば」
東北に贈った指針《ししん》も
恩師の心を東北の地に
刻《きざ》んでおきたかったからだ
〝広布の総仕上げは東北健児《けんじ》の手で〟

また
〝人材の牙城《がじょう》・東北たれ〟と

みちのくの友よ
人材を育成しゆく苦労は
米作りの絶え間《たま》なき労作業に似《に》ている
耕《たがや》し　苗《なえ》を植え
肥料をやり　雑草を抜き
害虫を駆除《くじょ》し　水に気を配る
非時《ひじ》の風雨に心悩《なや》まし
冷夏　旱魃《かんばつ》なきことを祈る
古人《こじん》が「米」を分かちて
八十八となした手順《てじゅん》
一つとして手を抜けない
命あるものとの格闘《かくとう》

忍耐《にんたい》　愛情　献身《けんしん》　創意《そうい》　無私《むし》……

友よ　それはまた
人材育成の必須《ひっす》要件なるを
そしてまた　少年のころ
米作りの労働によく似《に》た
家業の海苔《のり》製造を手伝った私には
東北の人々の辛労《しんろう》が
身にしみて分かるのだ
だからこそ　あなたたちに
〝人材の城〟〝人材の牙城〟と
願い　託《たく》したのだ

ああ　思いは深し三十六星霜《せいそう》――
足を運びしこと五十度近く――

東北の牙城落成《がじょうらくせい》の集《つど》いの席で
呱々《ここ》の声をあげた　あの「新世紀の歌」
勇壮《ゆうそう》な詩《し》とメロディーは
新たな前進のリズムを広げていった

（中略）

その広布のドラマは
絵巻物《えまきもの》を次から次へと繰《く》るように
私の胸に
めまぐるしく去来《きょらい》している

その間の　あなたたちの成長は
目を見張《みは》るばかりであった

ああ──
恩師《おんし》の喜び　いかばかりか
私は　合掌《がっしょう》して讃《たた》えたい
東北同志の汗《あせ》と涙《なみだ》の健闘《けんとう》を

旧習深き農村に孤軍奮闘《こぐんふんとう》
妙法の火をともし続けた友あり
吹き上げる地吹雪《じふぶき》をつき
雪をかきわけて
一人の友に幸福への道教えた友あり
険難《けんなん》の山道を越え　山村に
激励の言葉運びし友あり
寒風《かんぷう》身を裂《さ》く海辺《うみべ》に
友好の対話進めし友あり
誠実と真剣の汗を流しながら

—宮城—

一人　また一人と
地涌《じゆ》の陣列《じんれつ》を広げていった
門前払《もんぜんばら》いは日常茶飯《さはん》
顰蹙《ひんしゅく》の矢を射《い》られ
塩のつぶてを投げられたこと数知《かずし》らず
偏見《へんけん》の蔑視《べっし》
無理解の怒声《どせい》
感情の反発
村八分《はちぶ》の扱《あつか》いを受けた者も
珍《めずら》しくはなかった

しかし　あなたたちは
持ち前の粘《ねば》りと忍耐《にんたい》で
「冬は必ず春」の御金言《ごきんげん》を抱きしめ
あらゆる障害を幸福への試練《しれん》とし

雄々《おお》しく乗り越えてきた
それら無名の庶民の
信仰凱歌《がいか》の無数の軌跡《きせき》
それは　まさに
民衆の
民衆による
民衆のための時代を開く
地を這《は》うが如《ごと》き尊《とうと》き戦いであった

ああ――
愛する君たちよ
尊い　みちのくの友
かけがえのない我が同志《どうし》よ

かつて　東北は

服従《ふくじゅう》を嫌《きら》う民《たみ》
化外《けがい》の国土
白河《しらかわ》以北……等々
支配・征服《せいふく》の野望《やぼう》の徒《と》の
冷たいまなざしを浴《あ》び続けた
凶暴《きょうぼう》な牙《きば》と戦い続けた
苛政《かせい》の重圧に呻吟《しんぎん》し続けた

だが　だが――
闇《やみ》が深いほど　暁《あかつき》は近い
潮が引き果《は》つれば　必ず満《み》つ
そは　常の道理なり

その道理は
東北史の未来を照らす鏡ならん

幾《いく》千万の無告《むこく》の民《たみ》の
慟哭《どうこく》の声を飲みこんできた
虐《しいた》げられし東北の民衆史
なればこそ
民衆の時代という輝《かがや》かしい世紀への
未聞《みもん》の架橋《かきょう》作業にあって
みちのくの君たち　あなたたちこそ
主役でなければならない
王座に遇《ぐう》されて当然なのだ

（中略）

ああ――
貧窮下賤《びんぐげせん》の出自《しゅつじ》をば
むしろ誇《ほこ》りとされ

「示同凡夫《じどうぼんぷ》」の方軌《ほうき》のままに
地走る者の王たる獅子《しし》の如《ごと》く
空飛ぶ者の王たる鷲《わし》の如く
徹《てっ》して王者の道を歩まれた御本仏
愛する民衆をば
天子の襁褓《むつき》に包まれ
大竜の始めて生ずるが如く
こよなく慈《いつく》しみ　はぐくまれた大聖哲《せいてつ》
その　金言《きんげん》のひとこと　ひとことは
みちのくの　あなたたちの
必ずや
無二《むに》の励《はげ》ましであらんか
無上の喜びとならんか
無比《むひ》の勲章《くんしょう》とならんか

私は　世界を駆《か》けている
要人《ようじん》　識者《しきしゃ》とも対話を重ねている
しかし　君たちよ
ぜひとも知ってほしい
私の最も願い　望《のぞ》んでいるのは
みちのくの笑顔皺《えがおじわ》満面の
おじいさん　おばあさんと
いろりを囲《かこ》み
茶をのみ　談笑《だんしょう》しながら
親しく人生と仏法を語る
——このひとときにあることを
そのための平和旅なのだ

君たちよ
信心とは「深さ」である

みちのくの幸《さち》の光彩《こうさい》とは
みちのくの深き光彩
名勝　十和田《とわだ》　田沢《たざわ》
その澄明《ちょうめい》なる湖水の深さは
〝丈夫《じょうぶ》の心〟を教えている
滔々《とうとう》たる最上《もがみ》　北上《きたかみ》の
千古《せんこ》の深き流れは
かつ結び　かつ消えゆく
うたかたの如《ごと》き　毀誉褒貶《きよほうへん》の愚《ぐ》を
〝水の信心〟の尊《とうと》さを
静かに語りかけている

そして
苔《こけ》むす城の石垣《いしがき》　礎《いしずえ》
青葉城　弘前城《ひろさきじょう》　会津若松城《あいづわかまつじょう》……

―福島―

深くうちこまれた礎の盤石《ばんじゃく》は
枝や葉が枯《か》れようとも
地中深く　じっと時を待ち
やがて　蘇生《そせい》の装《よそお》いを整えゆく
信心の〝根っこ〟のシンボルだ

そしてまた
みちのくの森を　山々を覆《おお》う
緑の深き光沢《こうたく》　深緑　深藍《しんらん》……
私は　それを目にするたびに
東北のモットーたる　人材育成の要諦《ようてい》
〝従藍而青《じゅうらんにしょう》〟の教訓が
連想されてならないのだ

君たちよ

信心とは「優《やさ》しさ」である
おお――
君たちの研修道場を
美しく　そしてまた優しく彩《いろど》る
比類《ひるい》なき奥入瀬《おいらせ》の景観《けいかん》

新緑のころよし
紅葉《こうよう》のころ　更によし
緑の苔《こけ》に覆《おお》われた岩間をぬう
水清き渓流《けいりゅう》のせせらぎ　銀のしぶき
小鳥は楽しげにさえずり
所々に　滝《たき》を配す
あの懐《なつ》かしい　思い出の滝

詩人は　うたった
「瀬《せ》に鳴り淵《ふち》に咽《むせ》びつつ
奥入瀬の水歌ふなり
しばし木蔭《こかげ》に佇《たたず》みて
耳かたむけよ旅人よ」
ささくれ立った心を和《なご》ませ
疲れをば　やさしく癒《いや》す

我が胸中に広がりゆく蘇生《そせい》の緑
心のひだを潤《うるお》しゆく清流《せいりゅう》
自然の懐《ふところ》に抱《いだ》かれゆく安堵《あんど》
どうか　君たちよ
かの奥入瀬の妙《たえ》なる調《しら》べのように
心優しき人であってくれたまえ

そして　君たちよ
信心とは　何にもまして

「明るさ」であることを
決して忘れてはならない
絶景《ぜっけい》として世上《せじょう》に名高い
十和田《とわだ》　八幡平《はちまんたい》の紅葉《こうよう》
満山《まんざん》　まさに燃ゆるが如《ごと》く
心身《しんしん》を赤く染《そ》めあげるの感
目も綾《あや》なる姿《すがた》もて
人々を忘我《ぼうが》の仙境《せんきょう》へと連れ行く
おお――
真紅《しんく》とも　深紅《しんく》とも形容される
重厚《じゅうこう》なる元初《がんじょ》の色彩
燃え競《きそ》う落日《らくじつ》のような
万人《ばんにん》を魅了《みりょう》し包みゆく　明るさ
それは　一朝《いっちょう》にして成るものではない

古人《こじん》は言った
「雪に耐え　梅花潔《いさぎよ》く
霜を経《へ》て　楓葉丹《ふうようあか》し」と
真実の明るさは
厳《きび》しさに裏打ちされている
正しさを内包《ないほう》している
それは　中国の大詩人が謳《うた》いし
「霜葉《そうよう》は二月の花より紅《くれない》なり」の
深紅の光沢《こうたく》とよく似《に》ている

なればこそ　君たちよ
明朗《めいろう》の人は
愚痴《ぐち》と悲哀《ひあい》から踵《きびす》を返し
常に　太陽を仰《あお》ぎゆく
向日性《こうじつせい》こそ　彼の誇《ほこ》るべき象徴《しょうちょう》だ

明朗《めいろう》の人の周《まわ》りには
いつも　喜びと笑いの輪が
幾重《いくえ》にも　幾次元《いくじげん》にも
広がり　連《つら》なっていく
そして　明朗の人は
涌《わ》き出《い》ずる歓喜をば言葉に託《たく》し
降魔伏惑《ごうまふくわく》の大言論戦の
先駆《せんく》の栄誉《えいよ》を担《にな》い　進む
雄弁《ゆうべん》は金　沈黙《ちんもく》は銀なりと

おお　みちのくの終着　青森
青とは　青年の「青」
森とは　広布の人材集《つど》う「森」
八甲田山《はっこうださん》のあの花　この花の美

津軽《つがる》リンゴの名　全国に親しむ
青函《せいかん》トンネルは
この地を　本州の玄関口となせり
寒と雪と風あれども
あの枝にも　この枝にも
豊かに稔《みの》るリンゴのごとく
功徳の果実を　生活の上に
たくさん飾《かざ》ってほしい

東北の〝中原《ちゅうげん》〟宮城野《みやぎの》
上古《じょうこ》　陸奥国《むつのくに》の国府《こくふ》置かれ
日本三景の一つ　松島を擁《よう》し
一代の英傑《えいけつ》　政宗《まさむね》公が治《おさ》めし所
青葉の誓《ちか》いを胸に刻《きざ》み
東北広布の本陣《ほんじん》の自覚で

常に模範《もはん》の先駆《せんく》を忘れまい

我が国有数の穀倉地《こくそうち》　秋田
天下に名高い秋田杉の産地
今に忘れぬ男鹿《おが》の寒風山《かんぷうざん》
陸海八方を眺望《ちょうぼう》する　その景勝《けいしょう》
美しき心根で
〝楽土の王国〟を
堅実にして和楽の前進を

清冽《せいれつ》な天地　山形
澄《す》んだ空気　星辰《せいしん》のまたたき
朝空に浮かぶ蔵王《ざおう》　咲き薫《かお》る花々
芭蕉《ばしょう》の詠《よ》みし最上川《もがみがわ》
そして名だたるサクランボと紅花《べにばな》

この美しき国土世間で
己《おの》が使命を定めつつ
「桜梅桃李《おうばいとうり》」の法理のままに
人間の理想郷《アルカディア》を

広大な国土　豊かな自然の岩手
藤原三代の栄華《えいが》の跡しのぶ平泉《ひらいずみ》は
独自の文化を誇《ほこ》れり
「花の源義経」で親しんだ
歴史薫《かお》る青春の地
ロマンと伝説の宝庫《ほうこ》なり
我らは　その誇《ほこ》りを
広布のロマンへと昇華《しょうか》し
自分らしく　また自分らしく
自体顕照《じたいけんしょう》の道を歩《あゆ》んでくれたまえ

みちのくの表玄関
火と森と湖《みずうみ》の国　福島
往古《おうこ》　白河《しらかわ》・勿来《なこそ》の関《せき》置かれ
近代　自由民権の声満《み》てり
磐梯山《ばんだいさん》は猪苗代湖《いなわしろこ》の水鏡《みずかがみ》に
白虎《びゃっこ》の悲劇は
あまりにも純粋にして　わびしい
多様なる風土と伝統を今に
異体《いたい》を同心《どうしん》と結びゆき
妙法の〝人材のスイス〟を　と祈る

〽ひらけゆく大空に
　舞う若鷲《わかわし》……
全国の同志《どうし》の士気《しき》を鼓舞《こぶ》した

「新世紀の歌」よ
私も　幾度《いくど》となく
全魂《ぜんこん》の指揮《しき》をとり
〝創価の若鷲よ
世界へ　世紀へ羽ばたけ〟と
心の中で祈りし名曲よ
かつて　東北の地にこの歌生まれ
津々浦々《つつうらうら》に　また世界へと
新しきリズムと波動《はどう》を広げし
青年の君たちよ
また新たなる心の詩を
新しき世紀の波動をと
私は祈り願いたい

時は来《きた》り　時は満《み》ち

―岩手―

SGI総会　世界農村青年会議が
みちのくの天地で開かれんとす
東北は世界の舞台となり
世界の人が東北に集《つど》い来《く》る

おお　輝《かがや》ける二十一世紀
西暦二〇〇一年には
東北広布五十周年の佳節《かせつ》を刻《きざ》む
その二〇〇一年の
七月三日「東北の日」をめざし
明るく　愉快《ゆかい》に
そして一歩　また一歩と
〝さあ　すばらしき光彩《こうさい》を見たまえ〟と
朗《ほが》らかに　朗らかに
スクラムも固く

前進を開始してもらいたい
私は　君たちを信じている
私は　君たちを待っている

いま世界の人々が
東北を見つめている
東北にあこがれている

東北には
真の「平和」がある
真の「人間」がいる
真の厚き「友情」があると
東北の発展を
世界の人々が祈っている

一九八八年三月六日

池田大作（いけだ・だいさく）

昭和３年(1928年)、東京生まれ。創価学会名誉会長、創価学会インタナショナル(SGI)会長。創価大学、アメリカ創価大学、創価学園、民主音楽協会、東京富士美術館、東洋哲学研究所、戸田記念国際平和研究所などを創立。世界各国の識者と対話を重ね、平和、文化、教育運動を推進。国連平和賞、桂冠詩人の称号等、またモスクワ大学、グラスゴー大学、デンバー大学、北京大学など、多くの大学・学術機関の名誉学術称号を受ける。

著書は『人間革命』(全12巻)、『新・人間革命』(現25巻)など小説のほか、対談集も『二十一世紀への対話』(A.トインビー)、『二十世紀の精神の教訓』(M.ゴルバチョフ)、『平和の哲学　寛容の智慧』(A.ワヒド)、『地球対談　輝く女性の世紀へ』(H.ヘンダーソン)など多数。

幸の光彩　みちのくは未来

二〇一四年三月　十六　日　初版第一刷発行
二〇一四年三月二十八日　初版第三刷発行

著　者　池田大作
発行者　大島光明
発行所　株式会社　鳳書院
〒一〇一−〇〇六一　東京都千代田区三崎町二−八−一二
電話　〇三−三二六四−三一六八(代表)
印　刷　明和印刷株式会社
製　本　大口製本印刷株式会社

ISBN978-4-87122-180-1